PROFIL D'UNE ŒUVRE

Collection dirigée par Georges Décote

Fev. 86
2⁼6

DUFOURNET
Fabienne

LE JEU DE L'AMOUR
ET DU HASARD

MARIVAUX

ue

Cl... ...o ETERSTEIN
Ancien élève de l'E.N.S.
Agrégé de l'Université

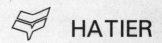

HATIER

ISSN 0750-2516   ISBN 2-218-06912-1

Sommaire

UN HOMME SECRET ET UN « HONNÊTE HOMME »

Marivaux n'a pas défrayé la chronique du 18e siècle. Il n'a pas eu l'existence aventureuse d'un Beaumarchais. Il n'a pas défié les puissants comme Voltaire ou Diderot. Il n'a jamais été, comme Rousseau, l'historien de sa propre vie. Comment, dès lors, saisir cet homme secret ?

Son œuvre, ses romans, son théâtre, ses journaux nous paraissent le meilleur témoignage sur son existence. Cette œuvre nous autorise à dire que Marivaux, comme Montesquieu, Voltaire ou Diderot, participe à l'esprit du « siècle des Lumières », en incarne les idéaux. En effet, il a placé sa vie et son œuvre sous le signe d'un nouvel humanisme qui croit aux mots « progrès » et « bonheur » et qui compte les atteindre dans la recherche inlassable de la vérité.

Cette vie est celle d'un « honnête homme » du 18e siècle, c'est-à-dire celle d'un noble qui vit dans le « monde » (la haute société) et y fait la preuve de son esprit. Elle traverse trois périodes : la fin du « siècle de Louis XIV », la Régence qui lui succède, enfin le règne de Louis XV.

Né le 4 février 1688 à Paris, Pierre Carlet de Chamblain de Marivaux est le fils d'une famille de la petite noblesse. Son père a une charge honorable mais assez modeste : il est directeur de la Monnaie en province, un fonctionnaire des Finances, dirait-on aujourd'hui. Marivaux ne sera jamais un homme riche. Même après son mariage en 1717 avec

Colombe Bologne qui lui apporte une dot de 40 000 livres (ce qui correspondrait à un revenu d'environ 7 000 F d'aujourd'hui par mois). Trois ans plus tard, en effet, il est ruiné, comme beaucoup de ses contemporains, par la faillite du banquier Law dont le système financier, fondé sur l'émission de billets de banque, s'effondre. Dès lors la condition de Marivaux est celle d'un écrivain aux revenus assez médiocres, soumis au succès ou à l'échec de ses productions et particulièrement de ses comédies.

Père d'une fille qui entrera en religion en 1745, veuf en 1723, il ne se remarie pas. Vers la cinquantaine, il vit avec Mlle de Saint-Jean avec laquelle il terminera ses jours. Lorsqu'il meurt, à Paris, le 12 février 1763, il laisse un testament d'une dizaine de lignes et des biens modestes.

FORMATION ET MILIEU INTELLECTUELS

Marivaux a vécu l'existence d'un intellectuel de son temps. Introduit dans les salons de la noblesse de Riom et de Limoges où son père exerce sa charge, il y découvre les visages de la mondanité, le « bel esprit » et la passion du théâtre qui est au 18e siècle l'un des principaux divertissements aristocratiques. Sa première œuvre est d'ailleurs une comédie en vers et en un acte, *le Père prudent et équitable* (1706-1711). Dès lors, Marivaux se consacre essentiellement à l'écriture. Nous le trouvons à Paris en 1710 où il est inscrit à l'école de Droit. Il ne la fréquente guère et lui préfère la maison de Mme de Lambert. Il a été introduit dans ce salon littéraire renommé par ses amis écrivains Fontenelle et La Motte.

Ces fréquentations sont importantes dans la formation de Marivaux. D'abord parce que dans ce salon s'exprime l'esprit des Modernes (les défenseurs des écrivains modernes) contre le parti des Anciens (les partisans de la seule beauté exprimée par les œuvres des Grecs et des Romains). Ensuite parce que la tradition satirique ou parodique du siècle précédent y est à l'honneur. Enfin parce que Marivaux y développe son esprit critique, son goût de l'observation et de la nouveauté.

Il exerce d'ailleurs sa plume dans des genres peu reconnus : il se fait connaître par des romans parodiques (*la Voiture embourbée*, 1713, *le Télémaque travesti*, 1714-1715), des poèmes burlesques (*Homère travesti*, 1714-1715), des chroniques journalistiques (dans *le Mercure* de 1717 à 1720).

La richesse thématique et stylistique de ses œuvres postérieures y est déjà présente : observation de la vie sociale, du poids de ses convenances, analyse des effets de la vanité, des révélations de l'amour, du pouvoir des mots.

Marivaux fréquente, après la mort de Mme de Lambert, le salon de Mme de Tencin où règne le même esprit de conversation brillante et naturelle qu'il saura donner à ses œuvres. Cette vie littéraire et mondaine reçoit sa consécration en 1742 lorsque Marivaux à l'âge de 54 ans est élu à l'Académie française.

LA PASSION DU THÉÂTRE

Marivaux fait à Paris, dans les années 1720, une autre découverte décisive : celle de la comédie italienne. Qui dit « comédiens italiens » dit à la fois une troupe théâtrale et un style d'interprétation particulier. Cette troupe, rivale des Comédiens Français, expulsée par Louis XIV en 1697, rappelée par le Régent en 1715, connaît alors un regain de succès en jouant les pièces de Goldoni puis celles de Marivaux.

Le style de jeu de ces acteurs italiens est caractérisé par le mouvement, le rythme, la vivacité. Dans la tradition de la commedia dell'arte (cette comédie de fantaisie, inventée par les Italiens au 16e siècle, permet à l'acteur de créer son rôle à partir d'un simple canevas), les improvisations gestuelles y sont pleines de fantaisie et de spontanéité, les discours sans emphase sont enrichis par la suggestion du mime.

Telles sont les qualités que Marivaux recherche dans ses comédies. Il donnera la majorité de ses pièces aux Italiens de préférence aux Français parce que chez les premiers il trouve une plus grande imagination. Il attribuera souvent à ses personnages le nom même des acteurs de la troupe : Silvia, Mario, etc.

Sa rencontre avec Silvia Baletti, qui sera son interprète favorite, donne lieu à une anecdote plaisante : Marivaux, s'introduisant incognito dans la loge de l'actrice, lui donne lecture, avec esprit et enthousiasme, du texte de *la Surprise de l'amour* qu'elle se prépare à jouer. Silvia se serait alors écrié : « Ah ! Monsieur, vous êtes le diable ou l'auteur ! » C'est elle qui tient, en 1730, le rôle de Silvia dans *le Jeu de l'amour et du hasard*.

• Les comédies de l'amour

Le premier succès de Marivaux au théâtre date de 1720 lorsque les Italiens jouent une féerie au rythme enlevé : *Arlequin poli par l'amour*. Sa production dramatique s'égrène ensuite régulièrement pendant plus de vingt ans, essentiellement dans le registre d'une comédie qu'il renouvelle profondément. On ne peut citer toutes ses pièces mais retenons, outre *la Surprise de l'amour* déjà évoquée (1722), *la Double inconstance* (1723), *les Fausses confidences* (1737).

L'art de Marivaux, dans ces comédies, a fait du thème de l'amour le terrain d'une triple exploration.

1. Il nous invite d'abord à une découverte du cœur humain à travers les surprises de l'amour qu'éprouvent ses personnages et il pourrait déclarer comme Silvia, l'héroïne du *Jeu* : « Je veux un combat entre l'amour et la raison. » Naissance de l'amour, retard de la conscience sur le sentiment, inconstance du cœur humain : tels sont les thèmes majeurs de ses comédies.

2. Marivaux nous propose aussi de démasquer l'amour-propre, cette « puissance » de la vanité qui règne dans les relations humaines. Marivaux, en moraliste et en analyste de la vie sociale, nous montre admirablement les contradictions des conventions du monde et des sentiments profonds. Jeux de l'amour, les pièces de Marivaux sont aussi des jeux de la vérité. Dans chaque pièce l'intrigue repose sur une « épreuve » que les personnages s'imposent afin de révéler les véritables désirs au-delà des incertitudes de la parole.

3. Précisément, la troisième découverte que nous offre ce théâtre est celle du langage. La dramaturgie marivaudienne en éprouve toutes les possibilités : ce langage qui cache et

qui avoue, ce langage qui est à la fois une arme et un masque. Langage vivant qui prend les couleurs badines d'une conversation de salon pour se transformer l'instant d'après en un dialogue âpre voire violent. Échange à demi-mot plein de suggestion et d'incompréhension ou joute verbale riche en effets comiques.

● *Les comédies sociales*

Cet aperçu des principales pièces de Marivaux ne doit pas faire oublier un aspect très important de son théâtre : celui des comédies « philosophiques » dans lesquelles il prolonge, sous la forme de l'utopie, l'analyse sociale et psychologique esquissée dans les comédies de l'amour.

L'Ile des Esclaves (1725), *l'Ile de la Raison* (1727) et *la Nouvelle Colonie* (1729) lui permettent d'exprimer une philosophie de la société qui redéfinit les relations entre dominants et dominés, maîtres et esclaves, seigneurs et paysans, hommes et femmes. On retrouve, dans ces comédies, une « mécanique » fréquente du théâtre : l'échange des rôles ; mais cet échange a un caractère inédit lorsque, dans *la Nouvelle Colonie*, les femmes, prenant le pouvoir, posent la question de leur émancipation !

MARIVAUX JOURNALISTE

Ce que Marivaux suggère à travers l'action de ses pièces, il le dit plus explicitement, à partir des années 1720, dans ses *Journaux*. Marivaux poursuit, en effet, pendant quinze ans, une activité de journaliste dans des feuilles périodiques qu'il crée et publie avec un certain succès : *le Spectateur Français* (1721-1724), *l'Indigent philosophe* (1727) et *le Cabinet du philosophe* (1734).

Il y manifeste, avant tout, ses qualités d'observateur, toujours à l'affût, cherchant à déceler chez ses contemporains, « tous ces porteurs de visage », le défaut du masque, l'endroit où l'âme transparaît. Travail de peintre quand il faut réussir le portrait changeant de toutes les vanités (ne sommes-nous pas tous « des tableaux les uns pour les autres » ?). Tra-

vail d'interprète qui suppose une distance critique vis-à-vis du monde.

Mais Marivaux, à la différence des moralistes du siècle précédent, n'est pas le censeur sévère et pessimiste des faiblesses des hommes. Il estime qu'un progrès humain est possible et que les gens honnêtes, les « belles âmes », peuvent y contribuer. Cette idée de progrès, sa réflexion sur la condition des femmes, le rôle capital de la sensibilité, l'éducation le rattachent à l'idéal des Lumières, c'est-à-dire à l'esprit novateur du 18e siècle, cet esprit rationnel, ennemi des autorités et des anciennes superstitions.

De surcroît, ces observations morales et sociologiques se mêlent à une réflexion esthétique sur l'acte d'écrire, qui est très personnelle et très moderne. Marivaux y développe, selon l'expression de F. Deloffre, une « stylistique de la suggestion ». Marivaux pense en effet que l'écrivain doit suggérer plutôt que peindre dans les moindres détails. A vouloir trop « exprimer », les Classiques ont, selon Marivaux, parfois altéré la vérité. Car il est des choses que l'on ne peut précisément exprimer ; on ne peut que les sentir et les faire sentir. C'est donc au prix d'une critique de la doctrine classique et grâce à une nouvelle esthétique de la suggestion que Marivaux veut atteindre le « naturel » dans la peinture des êtres et des choses.

MARIVAUX ROMANCIER

Cette exigence de vérité et de naturel se trouve également exprimée par la narratrice de *la Vie de Marianne*. Marivaux a donné vie dans ce roman, rédigé entre 1728 et 1741, à une héroïne complexe qui raconte son passé avec la distance que lui permet l'âge. Marianne mêle ainsi les souvenirs de sa jeunesse et les réflexions d'une femme mûre. Elle peut méditer sur son arrivée dans le grand Paris, son innocence de jeune fille sans appuis et sans ressources, sa découverte de la corruption en la personne d'un gentilhomme séducteur, la naissance de ses sentiments et la difficulté d'entrer dans le monde. Les réflexions de Marianne sur la sincérité, la

sensibilité amoureuse, les comportements sociaux apportent un éclairage inestimable au théâtre de Marivaux.

On retrouve ces caractères dans un autre de ses romans, *le Paysan parvenu* (1735), qui relate les aventures de Jacob, à qui sa « montée à Paris » et ses succès amoureux permettent une rapide ascension sociale.

Ces thèmes et l'observation attentive des conditions sociales et de leur langage inscrivent ces œuvres dans une voie moderne du récit qu'empruntent au 18e siècle Prévost, Rousseau et Diderot.

Romancier, journaliste, dramaturge, Marivaux a toujours tenté de s'approcher au plus près des multiples visages de la réalité de son temps. Il nous offre, selon ses propres termes, « un voyage au monde vrai ».

Analyse de la pièce

ACTE I : MASQUE POUR MASQUE

Scène 1 : Lisette, femme de chambre de Silvia, encourage sa maîtresse au mariage avec le jeune homme que son père, M. Orgon, a choisi. Mais Silvia lui remontre que la société offre bien des exemples de mariages malheureux, parce que les hommes y dissimulent leurs véritables sentiments sous le masque de la mondanité.

Scène 2 : Pour décider de son destin en toute connaissance de cause, Silvia demande à son père de la laisser user d'un stratagème : elle échangera son habit avec Lisette et se présentera ainsi à son prétendant pour mieux l'examiner. M. Orgon, qui ne veut pas forcer sa fille à un mariage qui lui répugnerait, accepte le stratagème.

Scènes 3, 4 : Mais Silvia étant sortie, il révèle à son fils, Mario, la teneur d'une lettre du père de Dorante, le fameux prétendant : ce dernier veut, pour connaître Silvia, user du même stratagème que la jeune fille. M. Orgon et Mario décident alors, pour livrer le destin des deux jeunes gens au hasard et à l'amour vrai, de les laisser dans l'ignorance du jeu de l'autre.

Scène 5 : Silvia reparaît, déguisée en femme de chambre, et affirme sa détermination de séduire Dorante, sous ce costume.

Scène 6 : A cet instant, Dorante se présente sous le nom de Bourguignon, valet de Dorante. M. Orgon et Mario vont alors habilement pousser Silvia et Dorante l'un vers l'autre, les engageant à s'appeler par leur prénom et à se tutoyer. Mario déclare même un amour malheureux pour la prétendue Lisette.

Scène 7 : Dorante, surpris par le charme altier de celle qu'il croit être une domestique, lui fait la cour. Silvia, troublée elle-même, l'écoute, étonnée de s'attarder au badinage galant d'un valet.

Scène 8 : L'arrivée d'Arlequin, contrefaisant grossièrement son maître Dorante, la plonge dans la stupeur. La surprise de Silvia grandit par la comparaison entre Arlequin et Dorante. Silvia ne peut s'empêcher de penser : « Que le sort est bizarre ! aucun de ces deux hommes n'est à sa place. »

Scène 9 : Dorante, resté seul avec Arlequin, réprimande son valet pour son manque de politesse.

Scène 10 : M. Orgon, arrivé sur ces entrefaites, n'en paraît point étonné et accueille le faux Dorante comme si de rien n'était.

ACTE II : LES SURPRISES DE L'AMOUR

Scène 1 : Lisette vient avertir M. Orgon des sentiments qu'elle a inspirés au faux Dorante. M. Orgon déclare qu'il ne s'oppose pas à cet amour et engage sa domestique à accuser le prétendu Bourguignon, devant Silvia, de mal servir son maître.

Scènes 2, 3 : Arlequin, pressé d'avancer ses affaires de cœur, déclare, avec feu et drôlerie, son amour à Lisette.

Scène 4 : Mais il est interrompu par son maître. En dépit des rappels à l'ordre de celui-ci, Arlequin profite des pouvoirs que son déguisement lui confère pour se moquer un peu de Dorante.

Scène 5 : On assiste alors à des déclarations réciproques entre Arlequin et Lisette, de nouveau seuls, mais ils sont un peu retenus par le respect que leur inspire celui ou celle qu'ils croient être leur supérieur dans la société : ils se disent qu'ils s'aimeront quel que soit leur état dans le monde et sont bien près de jeter le masque quand Silvia les interrompt.

Scènes 6, 7 : Silvia, rudoyée par Arlequin, doit ensuite subir l'ironie de sa femme de chambre. Elle est piquée dans son amour-propre quand Lisette critique Bourguignon, conformément au plan de M. Orgon.

Scène 8 : Silvia exprime dans un monologue son humiliation et son indignation ; en effet elle n'a pu cacher son trouble devant sa femme de chambre.

Scène 9 : Son cœur est hésitant lorsque survient Dorante. Elle l'écoute pourtant lui redire son amour, de façon pathétique ; elle finit même par lui avouer qu'elle l'aurait aimé s'il était d'une « condition honnête ».

Scène 10 : Mais leur entretien, au moment où il devient tendre, est interrompu par M. Orgon et Mario ; ceux-ci renvoient sèchement Dorante qu'ils accusent, devant Silvia, d'être un serviteur médisant et peu zélé.

Scène 11 : Silvia prend sa défense, tout en essayant de ne pas livrer ses sentiments. Elle se met en colère lorsque Mario la taquine sur ce chapitre. Elle a le cœur serré de toutes les incertitudes de son amour.

Scène 12 : Elle reçoit alors, avec soulagement et bonheur, l'aveu de Dorante qui lui dévoile son identité mais elle ne se découvre pas elle-même.

Scène 13 : Elle peut ainsi, avec la complicité de Mario à qui elle fait part de sa joie, poursuivre le jeu à sa guise.

ACTE III : LE TRIOMPHE DE SILVIA

Scène 1 : Arlequin prétend, contre l'avis de son maître, épouser Lisette. Il se fait fort de lui demander sa main bien qu'il la croie une grande dame et qu'il ne soit lui-même qu'un valet. Dorante l'y autorise finalement à condition qu'il révèle sa véritable identité.

Scène 2 : Mario se présente à Dorante comme son rival et lui ordonne de cesser de faire la cour à Silvia : « C'est qu'il me déplaît, à moi, d'avoir Bourguignon pour rival. » Pourtant, en disant à Dorante que son amour n'est pas vraiment payé de retour, il ne décourage pas totalement l'amour du jeune homme.

Scène 3 : Mais l'amour-propre de Dorante est une nouvelle fois à rude épreuve, lorsqu'il se voit renvoyé par Mario devant Silvia.

Scène 4 : M. Orgon, Silvia et Mario se concertent sur la

conduite à tenir. Le frère et la sœur convainquent le père de la nécessité de prolonger le jeu : Silvia veut que Dorante lui offre sa main en la croyant toujours une femme de chambre. « Il doit m'épouser ; si vous saviez combien je lui tiendrai compte de ce qu'il fait aujourd'hui pour moi... »

Elle entend ainsi « garantir » son mariage : « Vous avez fondé notre bonheur pour la vie, en me laissant faire... » dit-elle à son père.

Scène 5 : Lisette vient demander à ses maîtres la permission d'épouser le faux Dorante. M. Orgon y consent à condition qu'elle lui dise qui elle est.

Scène 6 : Lisette et Arlequin se rencontrent donc dans le même dessein : révéler qu'ils ne sont que des valets, tout en gardant le cœur de l'autre. Ils ne s'y résoudront qu'au terme d'un dialogue riche de demi-aveux et d'effets comiques.

Leur déception est de courte durée et fait vite place à leur gaieté naturelle.

Scène 7 : Dorante survenant, Arlequin ne lui révèle pas le secret du déguisement des jeunes femmes : il peut ainsi continuer à se jouer de son maître qui s'étonne, pour sa part, du succès de son valet auprès de la fausse Silvia.

Scène 8 : Dorante, décontenancé, convaincu de l'impossibilité de son amour, annonce à Silvia, au cours d'un ultime tête-à-tête, son intention de partir et s'éloigne même au grand dam de la jeune fille. Mais il revient pour entendre Silvia lui dire qu'il ne doit pas craindre la rivalité de Mario. Ce demi-aveu emporte toutes les hésitations de Dorante : il fait passer au second plan son orgueil de caste et demande enfin à Silvia de l'épouser malgré la différence de leurs conditions.

Scène 9 : C'est le triomphe de Silvia qui peut enfin, devant tous les personnages réunis, apprendre à Dorante qui elle est.

3   De la société du XVIIIᵉ siècle à la société du « Jeu »

LA SOCIÉTÉ FRANÇAISE AU DÉBUT DU XVIIIᵉ SIÈCLE

Le théâtre de Marivaux est ancré dans l'histoire de la première moitié du 18ᵉ siècle. A l'écoute de la société, il en traduit les structures, les préoccupations, les évolutions, la sensibilité. Ainsi on ne saurait séparer *le Jeu de l'amour et du hasard* de son contexte historique, social, culturel sous peine de n'évoquer qu'une mécanique figée et gratuite.

Les personnages des comédies de Marivaux, particulièrement, représentent des caractères sociaux. On rencontre, dans ces pièces, le prince et le paysan, le noble et le bourgeois, le courtisan et le villageois, le magistrat et le marchand : toute la diversité sociale du 18ᵉ siècle.

Pourquoi une telle attention portée à la position, à la condition sociale des personnages ? C'est que la société d'Ancien Régime, dans laquelle vit Marivaux, est fondée sur une hiérarchie beaucoup plus rigide qu'aujourd'hui et sur une conscience beaucoup plus aiguë des différences sociales. Cette société s'organise en trois Ordres (Clergé, Noblesse, Tiers État). Or qui dit « Ordre » dit que chacun y a une place bien définie. Avant d'être « monsieur Tout-le-Monde », on est noble, bourgeois ou prêtre. Ce ne sont pas des professions mais des états : on est noble mais surtout on *naît* noble.

La noblesse est, dans cette échelle sociale, l'Ordre dominant : privilège de la naissance, elle donne droit à d'autres privilèges qui sont autant de symboles de son antique puissance féodale et militaire (le port de l'épée, par exemple). Le clergé regroupe le personnel religieux. Le Tiers État, quant à lui, représente le reste de la société : c'est la classe des valets mais aussi des paysans et des marchands.

On ne confond donc pas, dans cette société, un maître et un serviteur, d'autant que l'inégalité des conditions est présente dans tous les détails de la vie quotidienne : dans le langage, noble ou « manant », qui caractérise chacun des états, dans le vêtement (la parure d'une jeune aristocrate se distingue au premier coup d'œil de celle d'une femme de chambre, pour l'observateur de la rue ou le spectateur du théâtre). Mais les nobles pour assurer et conserver leur suprématie vont plus loin et affirment que leurs privilèges sont dus à leur naissance, à un caractère inné et héréditaire. On s'explique ainsi la présence fréquente de ce mot « naissance » dans les écrits du 18e siècle et par exemple dans *le Jeu de l'amour et du hasard* (cf. III, 4 et III, 8).

Au cours de ce siècle, ce pouvoir et ces certitudes donnés par le « rang » et le « sang » ne sont plus aussi fermes. Un lent bouleversement s'opère au sein de la société française : au moment où la noblesse connaît un déclin politique, économique, culturel, la bourgeoisie lui conteste, peu à peu, le rôle de classe dominante. Dès lors, les structures et les valeurs de la société n'apparaissent plus aussi immuables qu'elles pouvaient le sembler aux yeux des contemporains de Louis XIV. Ce mouvement profond suscite des interrogations, des doutes, parfois des contestations. Le monde n'apparaît plus marqué par la stabilité qu'illustrait l'emblème du Roi-Soleil. Au sein de l'aristocratie elle-même, les valeurs sont en mutation : le libertinage d'un Dom Juan, scandaleux au temps de Molière, est, avec la Régence (1715-1723), entré dans les mœurs de la sphère aristocratique.

La banqueroute du système financier de Law (1720) qui entraîne la ruine de Marivaux, fait également naître dans l'esprit du temps l'idée d'une instabilité de la fortune.

Dire que la société se trouve ainsi livrée au jeu de l'amour et du hasard serait excessif ! Pourtant le théâtre de Marivaux illustre, sans aucun doute, une intelligence profonde des évolutions qui affectent une hiérarchie rigoureuse des positions sociales et un ordre de valeurs que l'on avait pensés éternels.

LA SOCIÉTÉ DU « JEU »

Les personnages du *Jeu*, s'ils représentent des figures traditionnelles de la comédie italienne, incarnent aussi des types sociaux. En effet, ils parlent, raisonnent, jugent, sentent selon leur condition, leur rang dans un ordre social où les maîtres ordonnent et les valets obéissent.

Les personnages se répartissent d'ailleurs en deux groupes, si l'on envisage leur condition sociale : les quatre maîtres (M. Orgon, Silvia, Mario et Dorante), et les deux serviteurs, Lisette et Arlequin.

Dire que les personnages représentent des types sociaux ne signifie pas qu'ils sont des caractères figés, illustrations d'un modèle idéal ou caricatural du maître et du valet. Un des intérêts et des enjeux majeurs de la pièce réside précisément dans le petit bouleversement qui intervient au sein de ces catégories. En effet, l'échange des rôles entre maîtres et serviteurs va temporairement bousculer la définition de l'échelle sociale et donner à réfléchir sur les valeurs et la signification qu'on y attache.

Ainsi le déguisement n'est pas seulement un instrument de la « fantaisie » théâtrale. S'il travestit les identités sociales, il ne nous conduit pas à nous en désintéresser. Bien au contraire, il les éclaire d'un jour nouveau. Les personnages du *Jeu*, amenés par les nécessités de l'intrigue à endosser une condition sociale qui n'est pas la leur, soulignent les traits caractéristiques de cette condition sociale. Ils en caricaturent le langage et les « tics ». Ainsi Arlequin, en contrefaisant son maître, met à jour, sur le mode comique, *ce qu'est* un maître.

Le Jeu nous permet également de constater qu'on échappe difficilement à son rôle social. Dorante, jouant un valet, reste toujours, par ses manières, son langage, sa sensibilité, un aristocrate. À l'inverse, chez Arlequin, le valet « perce » sous le costume du maître.

18

Pourtant l'illusion créée par les déguisements existe. Elle est même essentielle dans la pièce : Silvia comme Dorante, Arlequin comme Lisette y sont trompés. Surpris par les étonnants valets ou maîtres qu'ils croient rencontrer, ils sont néanmoins pris au piège des apparences et entrent dans un réseau de relations inédit pour eux.

MAÎTRES ET VALETS

Et d'abord, les personnages, en se déguisant, expérimentent un rôle social totalement nouveau et opposé à celui qu'ils ont joué jusque-là. Ainsi Dorante et Silvia, à travers des situations parfois peu agréables, éprouvent les contraintes et les humiliations de la condition domestique. Dorante, par exemple, est mis deux fois à la porte sans ménagements par Orgon et Mario (II, 10 et III, 3) !

Arlequin et Lisette, de leur côté, éprouvent avec délices la liberté d'action et de parole et les pouvoirs attachés à la condition des maîtres. Ainsi, ils profitent de leur costume et de l'impunité qu'ils y voient associée symboliquement, pour prendre une revanche sur leurs maîtres et se jouer de l'ordre social. Lisette n'est pas fâchée de mettre sa maîtresse en colère et Arlequin se montre de plus en plus insolent vis-à-vis de Dorante (cf. II, 7 et III, 7).

Enfin un autre intérêt de l'échange des rôles est de souligner la puissance des conventions sociales et des préjugés de classe.

Tout d'abord on voit ainsi clairement que les travestissements ont pour origine le refus de se plier à une coutume contraignante qui veut que les enfants des familles nobles se marient sans se connaître. Dorante et Silvia, en se déguisant, disent que l'alliance des familles ne doit pas passer avant l'union des cœurs et bousculent ainsi le code matrimonial de leur caste. Leur exigence de sincérité et l'exigence de fidélité exprimée surtout par Silvia correspondent assez à une vision bourgeoise du mariage qui au 18e siècle s'oppose au libertinage aristocratique.

Pourtant Silvia et Dorante sont loin de récuser complètement les normes de leur classe. S'ils acceptent de renoncer, l'instant d'un « jeu », à leur costume et leurs prérogatives de maîtres, ils restent, intimement, des aristocrates. Dès lors, confrontés à une personne d'un rang social qu'ils croient inférieur, ils sont surpris voire irrités d'en tomber amoureux. En effet, leur instinct de classe n'aurait-il pas dû les en éloigner ? Or, plus leur sentiment se développe, plus claires et insistantes sont les questions qu'ils doivent résoudre et qui déterminent leur existence :

1. Question de l'identité sociale. Comment puis-je aimer quelqu'un qui n'est pas de mon rang ?

2. Question du mariage et de la mésalliance. A supposer que j'aime, puis-je épouser une personne d'une condition inférieure (« ignoble » au sens du 18e siècle) et ainsi renoncer à toute considération sociale, en un mot, à mon rang ?

Cruel dilemme quand aimer signifie ne plus être socialement. L'« obstacle » dramatique est précisément dans *le Jeu* le préjugé qui interdit à un noble d'épouser une servante. Et l'on comprend ce que la résolution finale de ce dilemme décidée par Dorante au terme de l'acte III coûte aux conventions et aux valeurs de la société aristocratique :

- Silvia : Quoi ! vous m'épouserez malgré ce que vous êtes, malgré la colère d'un père, malgré votre fortune ?

- Dorante : Mon père me pardonnera dès qu'il vous aura vue ; ma fortune nous suffit à tous deux, et le mérite vaut bien la naissance. Ne disputons point, car je ne changerai jamais (III, 8).

Cette dernière réplique de Dorante, si on la compare à celle de l'acte I où il prétendait devant Silvia ne vouloir épouser qu'une « fille de condition », montre l'évolution de ses sentiments. Elle est révélatrice d'un conflit entre sentiments et ordre social résolu au profit des premiers.

Est-ce à dire que, dans *le Jeu*, l'ordre social est bouleversé ? Il n'en est rien. En effet, à la fin de la pièce, chacun reprend sa place et il n'y a pas de mésalliance.

Pourtant, si tout rentre dans l'ordre et reçoit une explication conforme au code aristocratique des « âmes bien nées », les préjugés de ce code sont cependant dénoncés, l'espace de la représentation, dans la mesure où ils s'opposent au bonheur des êtres. La « morale » sociale du *Jeu* est donc ambiguë : elle satisfait à l'idéal mondain des salons que fréquente

Marivaux et en même temps elle conteste cet idéal en affirmant la primauté du sentiment sur la raison sociale.

Ainsi la relation maître/serviteur, inversée d'un commun accord entre les parties, parodiée par les valets, durement éprouvée par Silvia et Dorante, est enfin rétablie mais dans un certain sens dépassée : l'essentiel est, en définitive, que les sentiments vrais triomphent indépendamment des contingences sociales.

HOMMES ET FEMMES

Le conflit des sexes est également en jeu dans la comédie de Marivaux et reçoit un traitement original. On sait qu'au 18e siècle, la domination masculine (et singulièrement celle du mari) est écrasante. C'est le cas dans la sphère aristocratique où la soumission de l'épouse n'a d'égale bien souvent que la liberté du mari à satisfaire ses désirs hors des liens du mariage. Silvia le rappelle à Dorante (III, 8) :

« Vous m'aimez mais votre amour n'est pas une chose bien sérieuse pour vous. Que de ressources n'avez-vous pas pour vous en défaire ! »

Mais Silvia, grâce au déguisement, renverse dans l'acte III cette relation qui lui est défavorable. Elle se joue de Dorante (sans être jouée comme elle l'était jusque-là) et l'amène à une demande en mariage surprenante. Dorante accepte, en définitive, d'épouser une soubrette et reconnaît ainsi, aux yeux de tous, la souveraineté des charmes de Silvia qui le font renoncer à une union qui serait plus conforme à son rang.

Ainsi, Silvia peut déclarer à son père : « Vous avez fondé notre bonheur pour la vie, en me laissant faire. » Non seulement elle acquiert la certitude qui lui faisait défaut : Dorante sera fidèle. Mais c'est elle qui a mené l'intrigue, plaçant ainsi son futur mari dans un rôle de dupe ! Elle fait ainsi la preuve de l'efficacité de son action et de sa liberté.

Ce n'est ni la première, ni la dernière fois que Marivaux accorde ainsi à ses héroïnes la primauté. On retrouve ici le « féministe » de *la Nouvelle Colonie* (cf. ci-dessus p. 9).

Les rangs et les relations dans la société ne sont pas seulement représentés dans *le Jeu* par la diversité des personnages mais aussi par le langage que parle chacun d'entre eux. Les conditions sont sans cesse évoquées par tout un vocabulaire qui en souligne les particularités. On entend souvent les mots « maître » (maîtresse, homme et fille de condition) et « valets » (domestique, garçon, serviteur, chambrière, coiffeuse, servante, soubrette, suivante, etc.), dans la bouche des personnages.

Des évocations plus concrètes soulignent le caractère symbolique du vêtement aux yeux de la société : Arlequin parle du « galon de couleur » (III, 7), de la « casaque » et de la « souquenille » des laquais qu'il oppose à la « friperie » des maîtres.

Mais si le lexique sert à caractériser socialement les personnages, il est l'objet de quelques équivoques : en effet, l'échange des rôles sociaux amène maîtres et valets à prononcer d'étranges paroles, au regard de leur véritable condition. Ainsi, Arlequin et Lisette, déguisés en maîtres, utilisent les termes « nos gens », « soubrette », « valetaille » dans des emplois dépréciatifs, comme pour mieux affirmer leur nouveau pouvoir. De son côté, Dorante déclare à Silvia : « Il n'est ni rang, ni naissance, ni fortune qui ne disparaisse devant une âme comme la tienne. » En remplaçant ainsi une caractérisation sociale (le rang) par une distinction morale (la « qualité » de l'âme), le maître paraît rejoindre son valet pour qui la particule nobiliaire n'est pas un critère de valeur mais une simple différence d'orthographe (cf. II, 5 et III, 6).

En réalité le langage propre à chaque personnage ne permet pas de façon absolue de mesurer la différence entre les conditions. Certes Arlequin par son langage familier, imagé, parfois trivial (« *Pardi !* », « *Par la ventrebleu* », « *ragoûtant* », « *filous* », « *m'amie* », « *guignon* », « *friand* ») s'oppose à Dorante. Mais Lisette, à quelques exceptions près, parle comme sa jeune maîtresse. Cela est certainement le signe d'une évolution sociale. Cela confirme surtout le désir de Marivaux de dépasser l'opposition classique entre maîtresse et suivante pour mettre en scène une rivalité entre femmes.

Le langage n'est donc plus un critère certain de distinction sociale.

Dans *le Jeu de l'amour et du hasard*, la société n'est pas menacée puisqu'il ne s'agit que de théâtre et que tout semble au dénouement rentrer dans l'ordre. Pourtant ce théâtre qui met en jeu les relations traditionnelles de la vie sociale est une interrogation et un rêve : les personnages, bouleversés dans les habitudes et le rôle que la société leur assigne, imaginent d'autres relations humaines où la valeur serait estimée en fonction de la qualité de l'individu plus que du rang. Pensons à la boutade d'Arlequin à Lisette : « De la joie, madame ! Vous avez perdu votre rang ; mais vous n'êtes point à plaindre, puisque Arlequin vous reste » (III, 9).

LE MOTEUR DE L'ACTION

Dans la comédie, le mariage est très souvent le but de l'action. Retardé par le déroulement de la pièce, par des obstacles, des oppositions, il se réalise au dénouement, fréquemment sous les yeux du spectateur (cf. Molière, *les Femmes savantes*). Parfois l'action est animée par deux désirs matrimoniaux qui s'affrontent, par exemple le désir des parents et celui des enfants (*l'Avare, les Fourberies de Scapin*). Ou encore une union inattendue peut remplacer le mariage initialement prévu (*l'École des femmes*).

Le Jeu de l'amour et du hasard paraît se conformer à cette tradition de la comédie qui fait du mariage l'objectif plus ou moins avoué des personnages. Le dénouement du *Jeu* qui laisse prévoir la réalisation de deux unions (Dorante-Silvia et Arlequin-Lisette) semble confirmer cette idée.

Pourtant elle n'est que partiellement vérifiée si l'on observe l'ensemble de la pièce. En effet les personnages du *Jeu* n'acceptent pas d'emblée le mariage comme une évidence, comme un geste qui va de soi. Au contraire ils l'interrogent, le discutent, le redoutent même parfois. Quel est dès lors le but de l'action pour ces personnages ? Que désirent-ils ?

Selon une démarche classique, Marivaux l'apprend à son spectateur dans l'« exposition » constituée par les quatre premières scènes. Voici d'ailleurs les explications que Silvia donne à son père : « Dorante arrive ici aujourd'hui ; si je pouvais le voir, l'examiner un peu sans qu'il me connût ! » (I, 2). Elles sont identiques à celles de Dorante qui espère en s'introduisant déguisé chez Orgon « saisir quelques traits du caractère » de Silvia (I, 4).

Ainsi, chacun de leur côté, Silvia et Dorante recherchent la même fin, caressent le même espoir. Ils veulent moins se marier selon le désir de leur père que connaître la vérité de l'être qu'on leur destine. La finalité de l'action dans *le Jeu* est donc très différente de celle de la comédie traditionnelle. L'aspiration au bonheur passe d'abord, pour les héros, par la découverte de l'autre. Le principe de l'action est donc un principe de connaissance.

LES PROGRÈS DE L'ACTION

L'intérêt de l'action dramatique dans la pièce ne tient pas seulement à la recherche de la vérité de l'autre mais aussi à la découverte et à la reconnaissance de leurs propres sentiments par Silvia et Dorante.

La structure de l'action, extrêmement dépouillée, met particulièrement en relief cette découverte : il s'agit, pour Marivaux, de montrer la brusque naissance d'un sentiment qui se développe jusqu'à son aveu, en dépit de l'opposition du personnage qui l'éprouve. Les progrès constants de l'amour réciproque de Silvia et Dorante, sa découverte jalonnée d'étonnements, d'irritations, de blessures, de refus constituent la trame de l'action principale. Celle-ci se développe de façon rigoureuse en trois actes qui constituent trois étapes dans le cheminement obscur de la vérité des cœurs.

Le premier acte est celui de la première rencontre et de la « surprise de l'amour ». Il culmine dans la scène 7 avec un long tête-à-tête Silvia-Dorante.

Le second acte nous présente les contradictions, les doutes et les chagrins de Silvia. Il progresse dramatiquement jusqu'à la scène 12 dans laquelle Dorante révèle qui il est.

Le troisième acte connaît le même développement dynamique. Il offre le spectacle des humiliations et des hésitations de Dorante jusqu'à la résolution et la révélation finales (III, 8, 9).

Cet aperçu de la structure et des progrès de l'action peut faire apparaître *le Jeu* comme une comédie essentiellement psychologique. En réalité, plusieurs observations doivent nuancer et corriger ce point de vue.

1. Nous n'avons évoqué que l'action principale, celle des maîtres. Or une action secondaire, celle des valets, vient s'y greffer et le parallélisme des deux actions, les rapprochements et les contrastes entre maîtres et valets, constituent l'un des intérêts majeurs de la pièce.

2. Nous avons par ailleurs dit les hésitations, les contradictions de Silvia et de Dorante devant la naissance de leurs sentiments. Mais le motif de ces « états d'âme » n'est pas seulement psychologique. Il est essentiellement social et l'action tourne, en réalité, autour du conflit entre préjugé social et désir du cœur.

3. Enfin nous avons affirmé que le principe dramatique du *Jeu* était la recherche de la vérité. Or ce désir de connaître la vraie nature des êtres trouve son origine dans une observation du comportement des hommes mariés. Silvia, dès la première scène, présente la société comme un univers du mensonge, un monde où les hommes dissimulent leur véritable personnalité sous un masque. Ce monde inquiétant, où l'on n'est jamais sûr de l'autre, fait naître une exigence de vérité. Pour la satisfaire, Silvia et Dorante ont, chacun de leur côté, recours à l'intrigue.

LES FILS DE L'INTRIGUE

Pour mieux « examiner » l'autre, pour le voir sans être vu, les héros imaginent le même stratagème : celui du déguisement. Arme paradoxale : le masque doit leur servir à découvrir la vérité. Chacun pense ainsi, en tirant les fils d'une intrigue, maîtriser son propre destin et s'assurer de l'autre. Ce serait le cas, s'il n'y avait qu'une seule intrigue ou si l'un des personnages connaissait le stratagème de l'autre, d'emblée. Mais Silvia et Dorante se trompent mutuellement.

Croyant mener l'intrigue, ils en sont les dupes et les fils leur échappent quand ils croient les retenir. Tel est le dispositif mis en place subtilement par Marivaux. C'est, en fait, un double piège dont les fils se nouent et s'emmêlent dès lors que les jeunes gens sont en présence puisque chacun d'eux se trompe sur l'identité de l'autre. Tous deux sont donc à la fois créateurs et victimes d'une illusion.

Dès lors, qui tire les ficelles de la double intrigue ? On serait tenté d'accorder ce rôle de « meneurs de jeu » à Orgon et Mario. En effet, ce sont les seuls personnages conscients des déguisements simultanés : ils sont les maîtres des deux secrets qu'ils décident de garder (I, 4). Ils favorisent donc temporairement les illusions des personnages. Leur apparition intermittente semble destinée à contrôler les autres à leur insu.

En réalité, Orgon et Mario ont moins de pouvoir qu'il n'y paraît. Leur rôle est autre. S'ils ne révèlent pas à Silvia le stratagème de Dorante, c'est dans le but avoué de favoriser le hasard, la liberté des sentiments et non dans le but de les emprisonner. Mario s'explique très clairement d'ailleurs : « Ma foi, monsieur, puisque les choses prennent ce train-là, je ne voudrais pas les déranger, et je respecterais l'idée qui leur est venue à l'un et à l'autre ; il faudra bien qu'ils se parlent souvent tous deux sous ce déguisement. Voyons si leur cœur ne les avertirait pas de ce qu'ils valent. Peut-être que Dorante prendra du goût pour ma sœur, toute soubrette qu'elle sera, et cela serait charmant pour elle » (I, 4).

Orgon et Mario sont les spectateurs de l'action. Ils ne tiennent donc pas vraiment les fils. Au contraire, en ne leur révélant pas ce qu'ils savent, ils livrent le destin de Silvia et de Dorante à l'« aventure » des rencontres et des intrigues. S'ils jouent le jeu, donnant le change à Dorante et Arlequin (I, 10), comme à Lisette (II, 1) et Silvia (II, 11), c'est pour favoriser les sentiments qu'ils voient naître. Ils ne créent pas ces sentiments, ils en accélèrent l'expression parce qu'ils en sont les témoins. Les autres personnages, se sentant regardés, se regardent eux-mêmes et prennent conscience de ce qu'ils éprouvent. Ainsi Lisette va de plus en plus loin dans la conscience de son amour parce que quelqu'un (M. Orgon dans la scène 1 de l'acte II) en recueille l'aveu.

Le rôle du hasard est essentiel au déroulement de l'intrigue. Dans les deux premiers actes, surtout. Dans l'acte III aussi mais d'une manière moins absolue. En effet, dans cet acte, Silvia, aidée de Mario, semble mener le jeu, mais comme l'illustrent les hésitations de Dorante dans l'avant-dernière scène, le pouvoir de la jeune fille ne semble pas absolu et son destin est encore soumis aux aléas de l'existence qui donnent son titre à la pièce.

Silvia : « Ah ! voilà qui est fini, il s'en va ; je n'ai pas tant de pouvoir sur lui que je le croyais », puis... « Dorante reparaît pourtant ; il me semble qu'il revient. Je me dédis donc ; je l'aime encore... »

Jusqu'au dernier instant la confusion née de l'« imbroglio » initial menace de faire tout échouer.

La réussite de la comédie est due précisément à la combinaison d'une action simple et d'une intrigue dont les fils embrouillés (c'est le sens français du mot italien « imbroglio ») retardent et rendent plus attendu le dénouement. Comme si l'intrigue voulait mimer les surprises, les imprévus du hasard et l'extrême complexité de la vie sentimentale et sociale.

LES SITUATIONS ET LEUR ENJEU

L'intrigue gagne en complexité à partir d'un schéma simple et produit plusieurs types de situations marquées par l'ambiguïté et la tension des relations entre les personnages.

Pour présenter ces différentes situations, il faut partir de la situation initiale.

Situation 1 : elle est schématiquement la suivante. Deux groupes de personnages se dessinent et sont animés, comme nous l'avons dit, du même désir de se connaître. (Nous représenterons ce désir par le sigle → et quand il est réciproque par le sigle ←→.) Le premier groupe réunit Silvia et ses alliés : Lisette qui accepte d'endosser le costume de sa maîtresse, Orgon et Mario qui laissent à la jeune fille les coudées franches dans ses entreprises. Le second groupe rassemble

Dorante et celui qui doit l'aider dans son entreprise : Arlequin. (Bien sûr, Orgon et Mario savent déjà la vérité de l'autre groupe mais ils ne connaissent pas pour autant Dorante et Arlequin.)

On peut représenter ainsi la situation 1 :

$$\boxed{\text{S/l + L/s + O + M} \longleftrightarrow \text{D/b + A/d}} \text{ (Acte I, sc. 1 à 5)}$$

(Chaque personnage est représenté par son initiale. S/l indique que Silvia est déguisée en Lisette, D/b que Dorante se présente sous le nom de Bourguignon, etc.)

En fait, cette disposition des alliances sera considérablement altérée au cours de la pièce et les déguisements en « brouillant les cartes » (les identités) engendreront un grand nombre de situations inattendues. Chaque scène est une surprise pour les personnages en présence et le spectateur tire une grande partie de son plaisir de voir s'épaissir les malentendus. Les alliances initiales vont se défaire et d'autres se former. En effet, Silvia et Dorante sont de moins en moins satisfaits de l'aide de leurs auxiliaires du premier acte : la complicité se transforme parfois en conflit. De sorte que les jeunes gens sont de plus en plus seuls.

Situation 2 : Silvia et Dorante, les deux faux serviteurs, sont ainsi réunis par les circonstances, mais aussi par leur livrée commune et de plus en plus par leurs sentiments réciproques. Le désir de connaître se confond ainsi de façon croissante avec le désir amoureux ($\longleftrightarrow$) :

$$\boxed{\text{S/l} \longleftrightarrow \text{D/b}} \text{ (I, 6, 7 - II, 9, 12 - III, 3, 8)}$$

Situation 3 : parallèlement Lisette et Arlequin connaissent, eux aussi, une surprise du désir amoureux :

$$\boxed{\text{L/s} \longleftrightarrow \text{A/d}} \text{ (II, 3, 5 - III, 6)}$$

Ces deux situations (2 et 3) sont particulièrement récurrentes. Leur répétition et leur alternance constituent la trame de la comédie. Leur caractère évolutif fait l'intérêt de l'action.

Situations 4 et 5 : si des alliances nouvelles se forment (entre les amoureux), des conflits opposent les alliés de la situation 1.

Ainsi chaque maître est confronté à son serviteur qui lui résiste, parfois avec insolence.

Situation 4 : $\boxed{\text{L/s s'oppose à S/l}}$ (II, 7)

Situation 5 : $\boxed{\text{D/b s'oppose à A/d}}$ (I, 9 - II, 4 - III, 1, 7)

Situation 6 : une autre situation conflictuelle oppose Silvia et le faux Dorante (Arlequin) pour lequel la jeune fille n'éprouve d'emblée que répugnance. Arlequin confirme cette première impression en rudoyant Silvia devant Lisette.

Situation 6 : $\boxed{\text{S/l s'oppose à A/d}}$ (I, 8 - II, 6)

Ces situations sont provoquées par les déguisements. Ce sont leurs vêtements de maître qui donnent à Lisette et Arlequin le désir de s'imposer devant celui ou celle qui habituellement les domine.

Situations 7 et 7 bis : c'est également son déguisement qui vaut à Dorante d'être réprimandé par Orgon et Mario.

Situation 7 : $\boxed{\text{O + M s'opposent à D/b}}$ (II, 10)

Cette humiliation se mêle à de la jalousie pour Dorante lorsque Mario, poussé par Silvia, prétend aimer la fausse Lisette.

Situation 7 bis : $\boxed{\text{M (+ S/l) s'oppose à D/b}}$ (III, 2, 3)

Situation 8 : Silvia elle-même ressent face à son père et à son frère qui la taquinent, l'ambiguïté de sa position et les blessures de son amour-propre.

Situation 8 : $\boxed{\text{S/l s'oppose à O + M}}$ (II, 11)

Dans chacune de ces situations, un personnage au moins est surpris : surprises de l'amour (situations 2 et 3), surprise de la déception (situation 6), surprise devant la défection des valets (situations 4 et 5), surprise de l'humiliation devant l'autorité familiale (situations 7 et 8), surprise de la jalousie (situation 7 bis).

L'échange des rôles sociaux, loin de clarifier les sentiments, permet donc l'inattendu et le malentendu. Silvia et Dorante doivent sans cesse s'adapter (et adapter le jeu dont ils ont pris le risque) à des situations totalement nouvelles pour eux, et cela dans un véritable ballet de rencontres.

A cet égard, l'organisation, la « chorégraphie » de ce ballet semblent un peu livrées au hasard. Pourtant, si l'on examine de près la disposition des scènes et l'alternance des situations, on se rend compte que le dramaturge a subtilement utilisé la structure de la pièce pour produire divers effets significatifs.

LE JEU DES REFLETS : STRUCTURE SECRÈTE

Dans le théâtre de Marivaux tout se passe comme si les personnages pour exister avaient besoin d'un « double », d'une image qui leur ressemble, comme un reflet dans un miroir. Les autres leur serviraient donc à se connaître et se reconnaître eux-mêmes.

Les autres leur sont utiles pour se définir soit par identification (j'existe parce que je te ressemble), soit par opposition (j'existe parce que je suis différent de toi).

Observons donc cette présence du « double » (ou des doubles) dans *le Jeu*. Le dédoublement maîtres/serviteurs et l'échange des rôles en sont les marques les plus évidentes. La pièce est construite sur le développement de deux actions parallèles et comme en regard : celle des maîtres et celle des valets. Le cheminement de chaque couple est analogue à celui de l'autre : Arlequin et Lisette vont, comme Dorante et Silvia, de la découverte de l'amour à l'aveu de l'identité. A l'intérieur de chaque couple, chaque personnage féminin a son « double » dans le personnage féminin de l'autre couple. (Il en est de même, bien entendu, pour les personnages masculins.)

Par exemple, la structure de l'acte II crée, de façon très nette, un reflet entre les deux couples et particulièrement entre les personnages féminins. En effet, Lisette est présente dans les sept premières scènes de l'acte, confrontée à Arlequin mais aussi à Orgon (1 à 7) ; Silvia est présente dans les huit dernières scènes (6 à 13), confrontée à Dorante et au même Orgon. La structure de l'acte III offre la même symétrie en nous présentant deux scènes d'aveu successives (Lisette-Arlequin, III, 6 et Silvia-Dorante, III, 8).

Nous avons noté précédemment, en examinant les situations, les échos, les ressemblances entre les conflits Arlequin/Dorante et Lisette/Silvia (conflits sociaux). On remarque, de la même façon, le retour d'un même conflit avec celui qui incarne l'autorité paternelle, Orgon (conflit Silvia/Orgon, II, 11 et conflit Dorante/Orgon, II, 10). Dans les cas que nous venons d'évoquer, le parallélisme ne s'établit pas entre Lisette et Silvia (ou entre Arlequin et Dorante) mais entre Silvia et Dorante (ou entre Lisette et Arlequin).

Quel est l'intérêt de ces jeux de miroir ? Le parallélisme, dans l'intrigue, des actions et des réactions souligne en fait la similitude des sentiments éprouvés, quelles que soient les différences sociales. Mais ces rapprochements manifestent aussi les différences dans la manière d'exprimer les sentiments en question : ils nous rendent donc plus attentifs au langage lui-même. Ainsi l'écho est dissonant entre deux conversations amoureuses (entre les maîtres et entre les valets) : les valets sont entre eux plus directs, plus rapides, plus joyeux et moins soucieux de l'obstacle social que leurs maîtres.

LE DÉNOUEMENT OU LE DÉVOILEMENT

Marivaux a utilisé toute sa science du théâtre dans ces jeux de structure mais aussi dans le dénouement de la pièce. Le dénouement est, dans ses comédies, un grand moment de plaisir. Plaisir des personnages pour qui les obstacles au bonheur sont levés. Plaisir du spectateur qui ressent comme un soulagement la fin des épreuves que les personnages se sont imposées. Plaisir enfin parce que l'exigence de vérité, si caractéristique de ce théâtre, reçoit pleinement satisfaction.

Ce dévoilement de la vérité ne s'opère pas par quelque coup de baguette magique, en un éclair. C'est une découverte progressive jusqu'à la lumière totale de la dernière scène. Le spectateur savoure ce dénouement parce qu'il est diffracté en plusieurs instants lumineux, en une succession de temps forts qui rythment la fin du spectacle.

Le voile commence à se déchirer dès la fin de l'acte II dans la scène 12 lorsque Dorante se découvre. C'est un moment de joie pour Silvia : Silvia, à part : « Ah ! je vois clair dans mon cœur. » La première vérité apparue est celle de son propre cœur. Il faudra attendre la dernière scène pour que celle du cœur de l'autre apparaisse dans tout son éclat.

A ce dévoilement en deux temps séparés par la totalité du troisième acte, s'oppose le dévoilement simultané des identités pour Arlequin et Lisette (III, 6).

Trois scènes donc pour un dénouement complet dans l'acte III. Marivaux aurait voulu montrer les difficiles progrès de la vérité luttant contre l'illusion qu'il ne s'y serait pas pris autrement ! Un triomphe que les masques, la vanité, les rivalités ne peuvent empêcher. Bien plus, un moment de bonheur d'une rare intensité.

Le Jeu de l'amour et du hasard est une comédie familiale : la pièce nous présente seulement six personnages et le principal enjeu des intrigues est la question d'un mariage.

Mais *le Jeu* est également une comédie sociale et l'on ne doit pas perdre de vue cet aspect des relations entre les personnages qui explique en partie le caractère de leur action.

MONSIEUR ORGON

Au centre de la constellation des personnages, M. Orgon occupe une place singulière. C'est un noble, un vieux gentilhomme dont la maison parisienne constitue le cadre spatial de la pièce. Dès sa première apparition (I, 2), M. Orgon remplit les charges du père de famille noble qui veut marier sa fille et qui lui a choisi un époux. Il est à noter que M. Orgon n'a jamais vu ce prétendant, fils d'un de ses amis de province. Sa fille d'ailleurs ne le connaît pas non plus.

Ce projet de mariage pourrait apparaître surprenant et arbitraire à qui ne connaîtrait les usages de la haute société du 18e siècle en cette matière : dans cette société, le père est tout-puissant et son principal souci est de marier ses enfants sans qu'il y ait mésalliance, c'est-à-dire sans déchoir de son rang.

M. Orgon, s'il représente incontestablement le pouvoir paternel et s'il exerce une autorité effective sur les domestiques, n'est pas un père et un maître autoritaire. Il n'a rien du tyran domestique que l'on rencontre parfois chez Molière et il en évite les ridicules. Les formes les plus fréquentes de son intervention pourraient être résumées par ces mots adressés à Silvia dans la deuxième scène : « Je te l'accorde. » C'est un père et un maître libéral dont le principal souci semble être moins l'ordre de sa maison que le bonheur de sa fille. Il ne la force pas au mariage, comprend ses réserves et lui permet le stratagème du déguisement qu'elle a imaginé pour mettre Dorante à l'épreuve.

L'indulgence de M. Orgon permet dont l'introduction du jeu dans la pièce et lui-même « joue le jeu » en faisant passer sa fille pour une suivante aux yeux de Dorante. Mais ce qui distingue M. Orgon des autres personnages, c'est que lui-même n'est jamais dupe de ce jeu : il détient en effet le secret des deux intrigues, celle de Silvia et celle de Dorante. On peut même dire qu'il mène le jeu puisqu'il rapproche Silvia et Dorante à leur insu, pique leur amour-propre et favorise ainsi la naissance de leur amour.

Le rôle de M. Orgon est, en réalité, ambigu, à l'image de la pièce : il encourage, suscite, multiplie le jeu sans, toutefois, livrer les destinées de sa fille et de Dorante complètement au hasard. Il est maître du jeu pendant deux actes, gardant avec précaution le secret, apparaissant et disparaissant à des moments choisis. Lui-même n'est pas soumis aux risques du jeu : il ne se fait passer pour personne et il est le seul personnage de la pièce dans ce cas. Son identité sociale et son pouvoir ne sont donc jamais menacés.

Puissant et bienveillant, il semble ainsi incarner un idéal modéré : celui d'une liberté qui favorise le bonheur sans bouleverser l'ordre social.

MARIO

Le complice de M. Orgon, dans la pièce, est son propre fils, Mario, caractère traditionnel du « second amoureux » dans la comédie italienne. Marivaux lui a donné une fonction un peu différente parmi les personnages du *Jeu*. Mario ne sera « amoureux » que par feinte, plaisir du déguisement et de l'intrigue.

On ne peut le considérer comme un simple auxiliaire, une réplique de son père. Il en est sensiblement différent, d'abord par sa gaieté constante, son sens de l'humour, son goût pour la plaisanterie plus affirmés. Il vit pour le divertissement, à l'instar de beaucoup de jeunes aristocrates dans le Paris de Louis XV. Il saisit au vol l'occasion que sa sœur et Dorante lui donnent par leurs intrigues simultanées, pour se livrer au jeu dont il aime la gratuité et le pouvoir de surprise. Comme son père il est au courant des deux travestissements :

« C'est une aventure qui ne saurait manquer de nous divertir » (I, 4).

Mais Mario va beaucoup plus loin que son père dans la comédie qu'ils se donnent à propos de Silvia et de Dorante. Là où M. Orgon ne manifeste qu'une bonhomie amusée, Mario va jusqu'au bout du jeu : il en rappelle sans cesse les règles à sa sœur quand elle semble les oublier (I, 5), il « agace », selon ses propres termes, Dorante et Silvia en les encourageant à se tutoyer et à s'appeler par leur prénom, il multiplie les taquineries, les effets du sous-entendu et de l'ironie et les deux amoureux en sont tour à tour victimes.

Mario ne serait pas un joueur complet s'il ne se risquait lui-même dans le jeu et cela, d'emblée, en prétendant, devant Dorante, être amoureux de la fausse Lisette. Mario, contrairement à son père dont nous avons observé la relative réserve, entre donc dans la comédie de masques que nous offre la pièce. Il contribue même à prolonger le jeu dans l'acte III : en accord avec Silvia, il se dit le rival de Dorante et dupe ce dernier. Partout Mario exprime son plaisir du jeu, plaisir de l'ironie, plaisir des mots : « tu (Silvia) m'as tantôt chicané sur mes expressions ; il faut bien à mon tour que je badine un peu sur les tiennes » (III, 4).

Mario est donc non seulement l'arbitre mais l'habile aiguillon d'un jeu dans lequel Dorante et Silvia ont misé leur amour. On a pu le comparer à Cupidon : comme lui il favorise l'amour et comme lui, il décoche des flèches parfois douloureusement ressenties, en l'occurrence ses mots d'esprit. Silvia puis Dorante en sont atteints.

Son second rôle est de seconder sa sœur qui, dans le troisième acte, veut remporter une victoire sur Dorante.

Enfin, il est, sur le mode du jeu, l'adversaire de Dorante et c'est essentiellement à travers lui que Dorante subit l'épreuve du masque, ressent les blessures de la jalousie, est mortifié dans son amour-propre. Mario, pour sa part, parce qu'il a choisi de jouer un personnage (l'amoureux) qui n'engage pas son rang social, reste, comme Orgon, maître du jeu.

SILVIA

La Silvia du *Jeu de l'amour et du hasard* est un des personnages les plus intéressants, les plus attachants et les plus caractéristiques du théâtre de Marivaux. On se convaincra de son importance dans la pièce en notant qu'elle est présente dans vingt scènes sur trente-deux (contre 15 pour Dorante, 13 pour Orgon, 12 pour Lisette, Arlequin et Mario).

Marivaux a « saisi » le personnage de cette jeune fille de famille noble à un instant crucial de son existence où elle doit donner à sa vie un sens social en se mariant. Peut-être convient-il de rappeler ici l'importance de ce sacrement du mariage qui, aux yeux de la société, de la religion et des individus, reste, au 18e siècle, un lien éternel qu'on ne saurait défaire, surtout lorsqu'on est femme. La première scène de la pièce expose, avec beaucoup de clarté, les enjeux du mariage et le caractère symbolique de cet événement social où deux individus sont amenés à dire « oui » pour la vie. Lisette et Silvia se querellent précisément sur ces mots clés de l'existence, « oui » et « non », qui ouvrent ou ferment, selon les cas, les portes du bonheur. C'est que le risque est grand d'être mal mariée. Surtout lorsque les pères décident pour les enfants et lorsque les alliances sont plus souvent affaires d'intérêt et de conventions que d'amour. Silvia précisément refuse ces conditions dangereuses et exprime l'inquiétude des jeunes filles devant l'inconnu, la menace du mariage : « Songe à ce que c'est qu'un mari », dit-elle à Lisette (I, 1).

Dès lors, le sens de l'action de Silvia s'éclaire : la jeune fille va tout mettre en œuvre et en jeu pour échapper à un destin malheureux. En retardant le moment de dire « oui », elle veut s'éviter des regrets éternels. Elle affirme ainsi la primauté du bonheur individuel sur les conventions sociales, un thème très présent au 18e siècle. Silvia veut, en réalité, s'assurer un pouvoir que la société refuse à la femme. Voilà qui en fait une héroïne moderne. Le stratagème du déguisement va lui permettre d'examiner à loisir et sans risque son prétendant. Mais son invention se retourne contre elle, dans un premier temps : en prenant le vêtement de sa femme de chambre, elle court un risque puisqu'elle se met dans une position dominée (une femme de chambre est faite pour obéir, comme le rappelle Lisette, II, 7).

Et, de fait, Silvia, dans l'ignorance du stratagème parallèle de Dorante, perd, l'espace de deux actes, la maîtrise qu'elle avait pensé s'assurer sur son destin et vit une véritable épreuve. On pourrait même parler d'une double épreuve et d'une double découverte. Tout d'abord, Silvia naît à l'amour et cette « naissance » est difficile tant les obstacles que Silvia, elle-même, lui oppose sont grands. Deuxièmement, la jeune fille est amenée à vivre une « expérience sociale » qui accompagne ainsi l'épreuve sentimentale : Silvia, à son corps défendant, découvre l'inégalité des conditions qu'elle n'avait jamais subie jusque-là. Cette jeune femme noble, sûre de son rang, a le malheur de tomber amoureuse... d'un domestique ou du moins de quelqu'un qu'elle croit tel, Bourguignon - Dorante !

Cette double épreuve fait de Silvia un personnage inquiet, incertain, hésitant, parfois emporté. Il faut préciser que la révélation de l'identité de Dorante, à la fin de l'acte II, met un terme à ce trouble : Silvia est au cours de l'acte III une jeune fille enthousiaste et lucide, déterminée à mener à bien ses projets. C'est en définitive un personnage au registre riche et nuancé.

DORANTE

Dorante représente l'idéal aristocratique : « honnête homme », « bien fait », « aimable », « de bonne mine », plein d'esprit et de galanterie. Tel est le portrait avantageux qui le précède chez Orgon et que brosse Lisette (I, 1). Il ressemble en tous points à l'amoureux, au « héros de charme » de la comédie classique.

Or, ce jeune homme plein de mérites, à qui sa position

sociale et son apparence donnent tant de privilèges et d'atouts pour séduire une jeune fille, ne s'en contente pas. S'il apparaît chez M. Orgon déguisé en valet, ce n'est pas pour tromper Silvia ou les siens. Il ne s'agit pas de menées libertines ou d'une entreprise destinée à subvertir la vigilance d'un père. C'est un motif sérieux qui pousse Dorante à entrer dans ce jeu : il veut connaître Silvia afin de régler sa conduite, sa décision (l'épouser ou non) sur ce qu'il aura découvert. Il a, comme Silvia, conçu le rêve d'un mariage d'amour et comme elle, il est victime de son stratagème.

Il est d'abord victime de son propre valet Arlequin qui profite de l'inversion des rôles pour lui résister et se moquer parfois de lui. Il est aussi victime d'Orgon et de Mario qui le rudoient et ne sont pas fâchés qu'il soit la dupe de son propre jeu. Il est enfin victime de Silvia qui, dans les deux premiers actes, résiste au faux Bourguignon en qui elle ne voit qu'un valet, et qui, dans le dernier acte, se joue de lui.

Pourquoi, dès lors, Dorante, humilié, calomnié, rudoyé, renvoyé, ne se découvre-t-il pas plus tôt pour se dégager du poids qui pèse sur lui ? C'est que Marivaux l'a placé dans une position singulièrement délicate : comment, en effet, ce jeune homme élevé dans des manières polies peut-il annoncer sans scandale à M. Orgon, l'ami de son père, qu'il s'est introduit chez lui déguisé en domestique pour tomber de surcroît amoureux d'une femme de chambre ? (Rappelons que M. Orgon est censé tout ignorer et n'a été prévenu que par le père de Dorante à l'insu de ce dernier.)

Marivaux a placé le personnage du « jeune premier » de la comédie dans une position de faiblesse : Dorante est pris au piège des conventions sociales. Il ne retrouve les coudées franches que seul avec Silvia ; encore est-il étonné de trouver tant de charme à cette femme de chambre qui a des « airs de princesse ». Dorante est donc souvent dans une situation inconfortable, prisonnier de son masque, des exigences de son rang apparemment inconciliables avec le mouvement de son cœur. Il n'est pourtant jamais ridicule et oppose souvent brillamment son esprit aux attaques dont il fait l'objet. S'il « succombe », c'est par amour : sa galanterie du premier acte fait place ensuite à un sentiment profond qui bouleverse ses certitudes, un sentiment dont l'expression devient parfois douloureuse et pathétique. De fait, Dorante, à cause de cet amour, va, plus encore que Silvia, au-delà des conventions sociales.

ARLEQUIN

Arlequin est le valet le plus célèbre de la comédie italienne. C'est un personnage plein de joie et de drôlerie dont la tradition théâtrale et la peinture ont immortalisé le costume losangé et bariolé, le sabre de bois (sa fameuse « batte ») et les pantomimes[1].

Dans *le Jeu de l'amour et du hasard*, il a perdu son costume puisqu'il apparaît d'emblée en habit de maître, sous le nom de Dorante, et garde ce déguisement jusqu'à la fin de la pièce. Pourtant, s'il joue les seigneurs, Arlequin n'a rien perdu de son caractère comique, de son babillage et d'un autre trait plus spécifique : la gourmandise. Mais ici elle se manifeste surtout en matière amoureuse par une grande impatience. Arlequin, avant même de voir Lisette/Silvia, est déjà pressé de conclure le mariage et ne dédaigne pas, en passant, d'adresser quelques galanteries à la fausse Lisette ! Avec la vraie, qu'il croit une grande dame, il brûle aussi les étapes : « Un amour de votre façon ne reste pas longtemps au berceau ; votre premier coup d'œil a fait naître le mien, le second lui a donné des forces et le troisième l'a rendu grand garçon ; tâchons de l'établir au plus vite... » (II, 3).

Arlequin, toujours pressé, obtiendra rapidement de Lisette l'aveu de son amour. Au-delà du comique qu'elle engendre, cette précipitation est très significative : tout d'abord, elle fait d'Arlequin le personnage du plaisir immédiat et en cela le valet se distingue des maîtres pour qui le bonheur est toujours différé et retardé. Ensuite, cette hâte traduit le désir du valet de profiter de son costume de maître. Il en tire quelque vanité, c'est-à-dire une conscience neuve de ses mérites ; il en use, sans complexes, pour s'établir chez Orgon

1. On se reportera à des comédies italiennes où ce personnage apparaît et par exemple à *Arlequin, valet de deux maîtres*, de Carlo Goldoni.

(I, 10), traiter avec rudesse Silvia prise pour une servante (II, 6), courtiser Lisette (II, 2 à 6) et se moquer de son maître. Tout cela en dépit des convenances et des rappels à l'ordre. Arlequin est précisément le personnage de l'inconvenance, par sa précipitation, ses manières, sa conduite amoureuse, son langage.

Il devait être l'allié de Dorante ; il offre, en fait, une caricature de son maître, passant d'une grossièreté joyeuse à une politesse affectée et parodique. Il résiste à son maître et, comme un bouffon, finit par se jouer de lui : lorsque Lisette lui confie que Silvia n'est autre que la jeune fille de la maison, il garde le secret et laisse Dorante dans l'erreur (III, 7). Arlequin est moins ici un valet fourbe qu'un valet rival de son maître. Il se prend au jeu d'autant plus volontiers que le jeu le sert. Il est conscient qu'il reste un valet mais il profite du déguisement pour s'affirmer et conquérir le bonheur.

LISETTE

Le personnage de Lisette paraît entrer dans un schéma classique de la comédie : elle est la servante qui aide sa maîtresse dans une intrigue amoureuse. Elle doit être à la fois sa confidente et sa complice. Mais cette complicité traditionnelle qui est, en fait, une marque de sujétion, prend un aspect très différent dans *le Jeu de l'amour et du hasard*.

Certes Lisette accepte de participer au stratagème de Silvia et ainsi semble toute dévouée aux intérêts de la jeune fille. Mais cette soumission apparente cache une opposition entre maîtresse et suivante : Lisette ne partage pas l'aversion de sa maîtresse pour le mariage et revendique l'égalité des cœurs sinon l'égalité du rang (I, 1). Lisette n'est donc pas une pâle copie de Silvia : la vivacité de sa parole, son sens de la repartie font d'elle une servante pleine d'esprit qui n'hésite pas à discuter les avis de sa maîtresse (II, 7). De plus l'intrigue et le déguisement lui donnent une autonomie dont elle se sert pout rivaliser avec Silvia sur le terrain des sentiments. Ne croit-elle pas « souffler » Dorante à sa maîtresse ?

Le schéma de la complicité entre maîtresse et suivante se transforme donc en schéma de rivalité entre femmes sur le terrain de la coquetterie et de la séduction. Pour Lisette l'amour du faux Dorante est inespéré : elle y succombe d'autant plus vite qu'il représente pour elle une sorte de triomphe personnel. Un triomphe d'autant plus éclatant qu'elle croit que sa jeune maîtresse, dans le même temps, n'a su se faire aimer que d'un domestique.

Si elle reçoit une sorte de « leçon » de Silvia dans le premier acte (I, 1), elle prend une revanche. Et particulièrement au cours du second acte où elle accepte de bien mauvaise grâce de réintégrer son rôle domestique. Elle fait même preuve d'impertinence vis-à-vis de sa maîtresse (II, 7).

On ne peut donc réduire Lisette à un type figé. Elle est dans *le Jeu de l'amour et du hasard* autant femme que femme de chambre. Elle reste une servante : elle est l'instrument dont Orgon se sert pour piquer l'amour-propre de sa fille et elle n'épouse finalement qu'un domestique. Pourtant elle est promue par le déguisement et par la symétrie des intrigues au rang de rivale de Silvia (de façon plus convaincante qu'Arlequin vis-à-vis de son maître). Trompée comme Silvia par le jeu des masques mais aussi aimée comme elle, elle est temporairement détentrice d'un pouvoir supérieur à celui de sa maîtresse : elle joue les « grandes dames » quand Silvia reçoit les humiliations réservées aux femmes de chambre. Ce pouvoir nouveau effraye un peu Lisette mais elle l'utilise pour réaliser son bonheur qu'elle atteint avant même sa maîtresse. Elle justifie les paroles qu'elle prononçait dans la première scène pour revendiquer l'égalité en matière de sentiment : « Mon cœur est fait comme celui de tout le monde » et « si j'étais votre égale, nous verrions ».

AMOUR ET THÉATRE

L'amour est au centre du théâtre de Marivaux. Les titres de ses comédies (*le Triomphe de l'Amour, la Surprise de l'amour, le Jeu de l'amour et du hasard*) l'illustrent bien. En cela l'auteur de ces pièces s'inscrit dans une tradition : au siècle précédent, Racine a mis en scène dans *Phèdre* les effets dévastateurs d'un amour-passion. Dans le domaine de la comédie, Molière lui-même a immortalisé plusieurs caractères d'amoureux ou de séducteurs : Dom Juan, le conquérant, Tartuffe, l'amoureux hypocrite, Arnolphe, l'amoureux sénile et jaloux, etc.

Si Marivaux reprend ce thème, c'est aussi qu'il correspond à un projet qui lui est cher : peindre et analyser les sentiments humains dans leur nature, « débusquer » les secrets du cœur.

« J'ai guetté dans le cœur humain toutes les niches différentes où peut se cacher l'amour lorsqu'il craint de se montrer et chacune de mes comédies a pour objet de le faire sortir d'une de ces niches. » Ce propos du dramaturge cité par d'Alembert dans son *Éloge de Marivaux* éclaire la dimension très théâtrale qu'il donne à ce thème.

En effet le théâtre ne consiste-t-il pas essentiellement à masquer et à montrer ? Or l'amour est, précisément, dans l'analyse de Marivaux, un sentiment qui se cache ou que l'on se cache. Un sentiment dont la naissance est secrète et dont la révélation est comme un coup de théâtre sur la scène du cœur humain. Dès lors, la comédie marivaudienne se fixe comme but de montrer ce jeu de cache-cache de l'amour dans ses subtilités, ses raffinements, ses cruautés parfois. A chaque scène nouvelle correspond une nouvelle étape du mouvement des sentiments. Ainsi le spectateur assiste au déroulement simultané de la mécanique théâtrale et de la mécanique complexe de l'amour.

Une dernière raison pousse Marivaux à accorder à ce thème une telle importance : pour lui, l'être humain n'a d'existence véritable que lorsqu'il éprouve des sentiments. Aussi, pour lui, faire « vivre » des personnages de théâtre, c'est les rendre sensibles à l'amour, de loin le sentiment le plus complexe et le plus riche en nuances.

AMOUR, RAISON ET CONVENTIONS SOCIALES

Au lever du rideau du *Jeu de l'amour et du hasard*, aucun sentiment ne s'est encore déclaré dans le cœur des jeunes gens. On peut même dire que l'opinion de Silvia sur l'amour est empreinte de méfiance. Les charmes exercés par les hommes sont des agréments trompeurs et elle n'espère pas trouver l'amour dans le mariage : « Dans le mariage, on a plus souvent affaire à l'homme raisonnable qu'à l'aimable homme » (I, 1). Il s'agit là d'une figure classique de l'amour ennemi de la raison. Cette attitude de réserve voire d'hostilité a deux causes principales : d'une part le mariage évoqué dans cette première scène est un mariage de raison ; par ailleurs, conformément aux conventions sociales de l'époque, la jeune fille n'a jamais connu l'amour.

Cette situation initiale est très importante. En premier lieu parce qu'elle présente les règles de la vie sociale qui distingue (voire oppose) mariage et amour. En second lieu parce qu'elle souligne dans le personnage de Silvia l'innocence, la nouveauté sur le chapitre des sensations du cœur. L'irruption de l'amour dans cet univers raisonnable, conventionnel et presque indifférent, sera d'autant plus remarquable. L'amour va, en effet, déjouer tous les calculs, déranger tous les plans de Silvia et de Dorante. La totale nouveauté de cette expérience que la raison ne peut maîtriser, passionne Marivaux.

Si l'amour engendre un trouble profond chez les deux jeunes gens, c'est qu'ils l'éprouvent de façon inattendue. Presque contre eux-mêmes. Ils aiment, en effet, quelqu'un que les distances sociales doivent leur rendre indifférent. Et leur étonnement est non seulement d'aimer. Il est d'être sensible à un être différent de l'idée qu'ils se faisaient d'un domestique.

Dorante, à part - Cette fille-ci m'étonne ! (...)
Silvia, à part - Quel homme pour un valet ! (I, 7)

Pour tous les personnages amoureux, les sentiments éprouvés sont incroyables, inouïs. Pour les maîtres comme pour les valets, pris dans le jeu des déguisements, l'amour est foncièrement déraisonnable. Ils en ont presque peur. Ils s'interrogent sans cesse à son sujet et sur eux-mêmes et disent sans cesse : Se peut-il que vous m'aimiez ? Est-il possible que j'aime ? Comment Marivaux aurait-il mieux mis en valeur la surprise de l'amour ? Surprise du cœur pris au piège d'un visage et surprise de la raison dérangée dans ses certitudes par le jeu.

AMOUR ET JEU

Les déguisements et les stratagèmes qui marquent le début de la pièce lui donnent une atmosphère de jeu mondain. On a d'ailleurs évoqué à propos du *Jeu* le charme, les couleurs de la fête, la sensualité même des tableaux de Watteau et de Fragonard, deux peintres contemporains de Marivaux. On retrouve en effet chez eux le goût du masque, du théâtre (cf. le tableau de Watteau : « L'amour au théâtre italien ») et la célébration de l'amour (cf. Watteau : « L'embarquement pour Cythère »). Watteau crée le genre pictural des « fêtes galantes », variation sur les thèmes entrelacés du théâtre et des sentiments.

Aussi lorsqu'au début du *Jeu*, Silvia et Lisette se travestissent, le spectateur est placé discrètement dans un contexte de fête galante. Ce qui revient à dire qu'une atmosphère de sensualité baigne la pièce avant même que l'amour ne se soit déclaré et c'est dans cette atmosphère que se produisent les rencontres décisives.

D'ailleurs celles-ci commencent sur le mode du jeu galant. Dorante, déguisé en valet, se fait un devoir de courtiser la fausse Lisette (I, 6 et 7). Celle-ci lui répond avec une réserve mêlée de coquetterie. Chacun joue bien son rôle puisque la règle est que les valets aiment les suivantes. D'ailleurs Silvia le signale : « Bourguignon (...), suivant la coutume, tu arrives avec l'intention de me dire des douceurs : n'est-il pas vrai ? »

Mais ces « badinages » apparemment anodins s'accompagnent des premières atteintes du sentiment. L'amour a dès lors deux faces : un amour joué (comme au théâtre) sous la forme d'une conversation où s'échangent compliments bien tournés et refus amusés ; mais aussi un sentiment, une émotion encore indécis qui sont comme une vive surprise et qu'on peut déjà appeler de l'amour.

Ce double registre amoureux (amour joué - amour vrai) est mis en valeur par l'opposition entre Dorante (le véritable amoureux) et Mario (le faux amoureux). Mais ce double registre est surtout sensible, dans les scènes amoureuses, dans le passage incessant du dialogue à l'aparté. Les apartés (répliques que le personnage dit pour lui-même) sont en effet essentiels puisqu'ils traduisent et trahissent ce qui n'est plus du domaine du jeu et qui naît en quelque sorte sous le masque : un véritable amour. Mais avant que celui-ci ne soit clairement déclaré, sa maturation connaît plusieurs étapes. Et c'est dans leur observation que Marivaux se révèle un dramaturge original et subtil. Sa fameuse « science du cœur » consiste à dévoiler l'interaction de l'amour et de l'amour-propre.

AMOUR ET VANITÉ

Les personnages du *Jeu* n'échappent pas aux atteintes de l'amour-propre. Ainsi au premier émoi amoureux de Silvia rencontrant Dorante se mêle une satisfaction de vanité : celle qu'elle éprouve à entendre sa conversation galante et à se voir l'objet de compliments qu'elle a la liberté d'écouter puisqu'elle joue les soubrettes. Mais, dans une seconde phase, le sentiment qui est né en elle la dérange. Elle éprouve alors non plus une jouissance mais une blessure de sa vanité, particulièrement quand son père et son frère se moquent d'elle en lui montrant qu'elle est sensible aux discours d'un valet (II, 11).

Elle prend sa revanche dans le troisième acte et le triomphe de son amour coïncide alors avec celui de son amour-propre.

En effet, elle amène Dorante à s'abaisser devant elle et elle réussit à le séduire dans son costume de femme de chambre. « Quelle insatiable vanité d'amour-propre ! » remarque M. Orgon quand il voit sa fille « charmée de triompher » (III, 4). Pour Silvia, aimer c'est conquérir. Et c'est au tour de Dorante d'éprouver simultanément amour et humiliation de sa vanité, surtout lorsque Mario excite sa jalousie, en prétendant aimer Silvia.

L'amour est donc, dans la comédie de Marivaux, un sentiment complexe auquel d'autres sentiments se mêlent parfois inextricablement : plaisir de la conquête et même de la tromperie, souffrance de l'amour-propre humilié, jalousie... Cette complexité ainsi révélée atteste selon Marivaux toute la richesse de l'être humain, mais elle n'est pas sans danger : l'amour de soi peut être parfois un obstacle à l'amour entre deux êtres. Ainsi lorsque Dorante s'éloigne à l'acte III, Silvia croit avoir tout perdu pour avoir trop désiré pour elle-même. Cette contradiction, fréquente dans le théâtre de Marivaux, entre amour et vanité est finalement résolue quand l'amour se révèle au grand jour. Mais l'amour est un bien menacé.

AMOUR ET LIBERTINAGE

Marivaux parle ainsi de son temps dans *le Spectateur Français* : « Les sentiments n'étaient plus à la mode, il n'y avait plus d'amants, ce n'était plus que libertins qui tâchaient de faire des libertines. On disait bien encore à une femme : Je vous aime, mais c'était une manière polie de lui dire : Je vous désire... »

Cette opposition entre amour et libertinage est sensible dans *le Jeu de l'amour et du hasard* dans les craintes exprimées par Silvia : que sera Dorante ? Sera-t-il un mari volage et libertin ? Elle va même jusqu'à lui dire : « Votre amour n'est pas une chose bien sérieuse pour vous. Que de ressources n'avez-vous pas pour vous en défaire ! » (III, 8). Lisette exprime les mêmes inquiétudes et demande à Arlequin de lui jurer un amour éternel.

L'amour des libertins est un faux amour. Il suppose un masque. Il dissimule un simple désir sous les dehors de la passion. L'amour, en revanche, est selon Marivaux authentiquement et intimement lié à l'âme : « Si l'on savait bien ce que c'est que cet amour-là, quelles sont ses ressources et le charme des progrès qu'il fait dans le fond de l'âme, combien il la pénètre et tient sa sensibilité en vigueur...[1] »

La totalité du *Jeu* peut être résumée par ces mots : les « progrès de l'amour dans le fond de l'âme ». On touche ici un paradoxe de ce théâtre : la comédie fondée sur l'extériorité (gestes, paroles), sur l'apparence (jeu, déguisement), révèle ce qui est au plus profond de l'âme : l'amour dans toute sa vérité. Ce n'est plus alors un jeu libertin.

LE POUVOIR DE L'AMOUR VRAI

La force naturelle de l'amour qui grandit dès la première rencontre est d'abord mise en évidence par la rapidité de ses effets. Dorante s'exclame en aparté dès sa première rencontre avec Silvia : « Il n'y a point de femme au monde à qui sa physionomie ne fît honneur. » Silvia elle-même s'avoue bientôt qu'elle n'est pas insensible à ses déclarations : « A la fin, je crois qu'il m'amuse » (I, 7).

Cette rapidité dans l'éveil des sentiments est amplifiée jusqu'à la caricature dans les discours amoureux des valets (cf. p. 40).

Autre témoignage du pouvoir de l'amour : le désordre des impressions ressenties par les personnages. Silvia qui tenait

---

1. Marivaux cité par d'Alembert, *Éloge de Marivaux.*

des discours raisonnables ne sait plus où elle en est : « Qu'est-ce que cela veut dire ? ... Où en sommes-nous ? » (II, 7). Elle passe, d'une réplique à l'autre, de la colère à la mélancolie, de la pitié à la tendresse. Enfin du rire aux larmes. Dorante lui-même s'interroge : « Je ne sais plus où j'en suis ; cette aventure-ci m'étourdit. Que faut-il que je fasse ? » (I, 9). De fait l'amour et le hasard transforment la vie en une véritable aventure et chacun vit, à cet instant saisi par le théâtre, entre la naissance du sentiment et sa révélation, une authentique épreuve.

Cette épreuve de l'amour naissant est une épreuve de vérité. L'amour engendre une crise de conscience. Chacun s'interroge sur sa destinée et sur l'étrange attachement qui le lie à un être qu'il devrait mépriser ou redouter. Mais, peu à peu, la crise de conscience se transforme en prise de conscience. Les sentiments intermédiaires s'estompent. Curiosité, intérêt, attendrissement, pitié, sollicitude laissent place au seul et véritable amour.

L'image retenue par Marivaux est alors celle de la lumière qui l'emporte sur les ténèbres. Silvia, apprenant qui est Dorante, a ce cri : « Ah ! je vois clair dans mon cœur. » Cette révélation de l'amour dans la conscience marque un des sommets de la pièce. Elle divulgue une double vérité : c'est en découvrant l'identité de Dorante que Silvia retrouve sa propre transparence. Elle est enfin en accord avec elle-même. Les hésitations, les réticences qui caractérisent le personnage au second acte disparaissent : Silvia peut aimer Dorante puisqu'il appartient à sa caste. Le préjugé social n'obscurcit plus la clarté du sentiment vécu.

Les progrès de l'amour comportent donc deux phases. Dans un premier temps la conscience est comme en retard sur le sentiment. L'amour est alors « incertain et comme indécis, un amour à demi né pour ainsi dire, dont (les personnages) se doutent sans être bien sûrs et qu'ils épient au-dedans d'eux-mêmes », qu'ils repoussent parfois « avant de lui laisser prendre son essor »[1]. Il faudra ainsi un acte entier pour que Dorante se décide à demander la main de Silvia. La seconde phase est celle de l'amour conscient.

1. Marivaux cité par d'Alembert, *Éloge de Marivaux*.

Cet amour est source de connaissance. Lorsque Dorante dit à Silvia (III, 8) : « Vous avez le cœur vrai ; vous êtes sensible à ma tendresse. Je ne saurais en douter au transport qui m'a pris, j'en suis sûr ; et vous ne sauriez plus m'ôter cette certitude-là », l'amour rejoint une forme de connaissance intuitive et irrationnelle. A travers cet amour, les âmes communiquent au-delà des barrières sociales et à cet instant de vérité tous les artifices du langage peuvent disparaître. La pièce elle-même est terminée.

AMOUR ET LANGAGE

Pour traduire toutes les nuances du sentiment Marivaux multiplie les ressources du langage et particulièrement celles du langage dramatique. L'expression du sentiment chez ses personnages ne se fait pas par de longues tirades passionnées. Seul Arlequin y a parfois recours mais son discours amoureux est alors tout à fait parodique de la rhétorique précieuse, riche en métaphores filées, ordinairement réservée aux maîtres (cf. p. 40).

Si les sentiments s'expriment, c'est sur le ton d'une conversation pratiquement continue. Pourquoi cette forme privilégiée ? D'abord parce qu'elle suppose un échange. Or celui-ci est essentiel au progrès des sentiments. Il permet d'en saisir toutes les étapes. D'une réplique à l'autre, les mouvements du cœur, suscités par la vue et la parole de l'être aimé, vont bien vite.

La scène la plus remarquable à cet égard est peut-être, dans l'acte II, celle de la deuxième rencontre entre Silvia et Dorante (II, 9). La jeune fille joue au début de la scène la froideur ; elle regrette la familiarité de son premier entretien avec Dorante : « Bourguignon, ne nous tutoyons plus, je t'en prie. » Elle fait même preuve d'une certaine cruauté : « Tiens, Bourguignon, une bonne fois pour toutes, demeure, va-t'en, reviens, tout cela doit m'être indifférent, et me l'est en effet ; je ne te veux ni bien ni mal ; je ne te hais, ni ne t'aime, ni ne t'aimerai, à moins que l'esprit ne me tourne. » Cette déclaration d'indifférence ne résiste guère au sentiment de pitié que lui inspire ensuite la tristesse de Dorante et quand celui-ci part, elle le rappelle... En aparté, elle révèle au spectateur l'état de son cœur : « J'ai besoin à tout moment d'oublier que je l'écoute. » Dans cette lutte contre elle-même, Silvia cède du terrain et lorsque Dorante désespéré se jette à ses genoux, elle lui déclare : « Je dirai ce qu'il te plaira ; que me veux-tu ? je ne te hais point, lève-toi ; je t'aimerais si je pouvais, tu ne me déplais point, cela doit te suffire. » On mesure dans cette réplique entrecoupée, presque haletante, riche de litotes (« tu ne me déplais point » donne à entendre beaucoup plus), émouvante par son demi-aveu, l'art de Marivaux, dramaturge et poète des mouvements du cœur.

La conversation, forme dynamique, est une forme ouverte aux discours les plus variés. Ainsi se mêlent dans la première conversation entre Silvia et Dorante propos galants d'un ton presque aristocratique, discours familiers de deux faux valets et premiers aveux, presque imperceptibles, de l'intérêt que les deux personnages se portent l'un à l'autre.

Les personnages manifestent sans cesse la difficulté d'exprimer totalement par le langage les sentiments éprouvés et il y a bien souvent décalage voire opposition entre discours et sentiments. Le langage est sujet à méprise. Il trompe et se trompe. D'où la série des quiproquos, des malentendus et des sous-entendus, des demi-aveux et des demi-refus, des fausses et des vraies disputes.

Le geste supplée parfois le langage des mots : Arlequin et Dorante se jettent aux genoux de leur bien-aimée. Le dénouement est riche de ces « transports », de ces émotions fortes des cœurs et des corps que le geste ou le visage de l'acteur rend plus sensibles.

*
**

Voici un jeu où le hasard et la force naturelle de l'amour l'emportent sur les conventions et les apparences de la vie sociale. Dorante et Silvia, Arlequin et Lisette vont se marier, certes, mais en dehors de la scène. Sur celle du *Jeu*, nous guettons la minute de vérité où les cœurs se parlent enfin sans masques.

7 | Masque et sincérité

DÉGUISEMENTS

Le déguisement fait partie de l'essence du théâtre. Jouer un personnage, c'est, pour le comédien, prendre un masque, changer d'identité. Cette métamorphose n'est pas seulement un moyen du théâtre. Elle en est un thème privilégié. Les grands personnages de Molière, Tartuffe et Dom Juan, sont, à des titres divers, des personnages qui se servent du masque de la dévotion pour arriver à leurs fins. A travers leur jeu (ils se jouent des autres), ces personnages renvoient au monde l'image de ses dissimulations, de ses mensonges, de ses duperies, de ses « grimaces », en un mot *de son théâtre*. C'est donc le théâtre, l'art du masque, qui dénonce l'usage pervers de celui-ci dans la vie sociale.

Cette réflexion sur le rôle du masque appartient également au projet dramatique de Marivaux. L'auteur du *Jeu* en éclaire les données d'une lumière nouvelle. Dans ses comédies, les travestissements se multiplient parce que les personnages veulent cacher aux autres et parfois à eux-mêmes leurs sentiments.

Dans *le Jeu de l'amour et du hasard*, quatre personnages sur six sont déguisés et échangent deux à deux leurs identités. Le masque est donc une forme essentielle de la dramaturgie. Les personnages se travestissent au début du premier acte et il faut attendre la fin du troisième pour voir tous les masques tomber.

Une conséquence de ces artifices est d'accroître l'ambiguïté des caractères et des relations entre les personnages.

Chaque personnage est double : lui-même et cet autre qu'il tente d'imiter. De surcroît, il se trouve confronté, dans chaque rencontre décisive, avec un personnage que sa dualité rend difficilement déchiffrable. On comprend par là le titre du *Jeu de l'amour et du hasard* dans sa traduction allemande : « Mask für Mask » (*Masque pour masque*). Chacun est une énigme pour l'autre. D'autant qu'au masque matérialisé par les déguisements s'ajoute l'écran constitué par le langage lui-même. En effet les personnages du *Jeu* tentent de mystifier ceux qu'ils rencontrent par leur discours. Pour se faire passer pour un « Monsieur » aux yeux de Lisette, Arlequin cherche à employer le style noble.

Tant que les personnages jouent ainsi un rôle et gardent un secret (le secret de leur identité), la transparence de la communication ne peut être assurée. En voulant à la fois exprimer ce qu'ils ressentent et cacher qui ils sont, les personnages finissent par ne plus se comprendre. Silvia, par de perpétuelles questions, manifeste la difficulté de communiquer due à l'opacité du langage : « Qu'on s'explique ? » « Que veut-on dire ? » « Qu'est-ce que cela signifie ? »

Le langage est donc un second masque qui rend parfois obscurs les sentiments véritables ou les rapports de force qui naissent entre les personnages et il engendre des doutes, des inquiétudes et des malentendus.

CRISE D'IDENTITÉ

Le rôle du masque est peut-être précisément de faire naître des interrogations. Le masque ne peut être considéré, dans *le Jeu*, comme une simple « ficelle » du théâtre ou comme une convention de la comédie. En créant l'ambiguïté, le déguisement invite à la réflexion. Les personnages qui font l'expérience du déguisement et se risquent ainsi à « jouer l'autre » sont amenés à s'interroger sur leur propre identité, sur celle de leur protagoniste, enfin sur le sens de leur aventure.

Pour cela Marivaux a choisi des personnages jeunes dont l'identité n'est pas totalement fixée. Il en est ainsi de Silvia qui s'interroge dans la première scène et se demande : « Que serai-je ? » Marivaux a admirablement saisi cet instant de doute où l'adolescente craint d'être femme, appréhende ce passage, ce changement de statut et d'identité.

L'imminence du mariage donne ici une dimension sociale à cette interrogation existentielle : épouser quelqu'un, c'est encore changer d'identité, en entrant dans le jeu réglé de la vie mondaine.

On peut, à partir de là, donner une première interprétation de la présence des masques dans la pièce : jouer, prendre le masque, ce serait, momentanément, refuser l'engagement social et par le simulacre échapper à la fixation d'une nouvelle identité. Le masque assurerait ainsi une protection et une liberté. Mais cette liberté est génératrice d'illusions.

En effet, elle ne peut être que temporaire (la limite dans le temps fait partie de l'essence du jeu). Par ailleurs, le masque, en lui-même, est un instrument d'illusion, sinon pour soi, du moins pour les autres.

LES DANGERS DU MASQUE

Un deuxième aspect du masque apparaît ici dans les risques qu'il comporte.

Le déguisement pris par Silvia et Dorante pour mettre l'autre à l'épreuve est utilisé pour duper. Dès lors, plusieurs questions sont posées. L'épreuve n'est-elle pas une entreprise perverse destinée à s'assurer une domination sur l'autre, tout en restant soi-même prémuni ? Et, de la sorte, la prise du masque n'aboutit-elle pas à une participation à ce jeu social impitoyable des trompeurs et des trompés que Silvia dénonce dans la première scène du *Jeu* ?

L'ambiguïté du masque, instrument de pouvoir et instrument de liberté, éclate. D'autant que la liberté qu'il donne peut se transformer en aliénation. En effet, en se déguisant, le personnage risque sa propre identité. Il en vient à douter de lui-même comme des autres. Les positions dans la hiérarchie sociale se trouvant déplacées, il est à la recherche de ses repères.

Ainsi les valets s'étonnent de leur nouveau pouvoir et veulent faire durer ce secret qui le leur donne. Silvia et Dorante, au contraire, se trouvent dans un monde qui leur échappe et où leur autorité n'est plus reconnue. Dès lors, on comprend que leur déguisement leur pèse, que le jeu devienne cauchemar. D'ailleurs, dès l'acte II, Silvia veut jeter le masque. (« C'est que je suis bien lasse de mon personnage », II, 11.) Dans la scène suivante, c'est Dorante qui se découvre (II, 12).

L'EXIGENCE DE LA SINCÉRITÉ

Un troisième aspect du masque étroitement lié au précédent peut être dégagé : l'expérience du déguisement fait paradoxalement ressentir la nécessité d'être sincère. Nous avons plusieurs fois souligné cette « obsession » de la sincérité, de la vérité qui donne sens à l'œuvre de Marivaux. Celui-ci déclarait dans ses *Journaux* : « Le temps du dépouillement des âmes arrivera. »

Cette pensée s'inscrit dans son temps : au 18e siècle, on réhabilite l'idée de nature ; or les personnages de Marivaux sont à la recherche de leur vrai visage, de leur vraie nature. Au 18e siècle, philosophes et écrivains affirment la nécessité de découvrir la vérité par les voies de la connaissance rationnelle ; or c'est au nom de la raison que les personnages du *Jeu* agissent. Mais le théâtre de Marivaux révèle que la raison seule n'est pas suffisamment efficace pour faire naître le vrai. Elle a besoin du coup de pouce du hasard.

La nécessité du masque apparaît ici : il ne sert pas seulement à faire surgir, par contraste, l'absolue exigence de la sincérité. En libérant temporairement des règles trop rigides de l'ordre social, il crée un désordre momentané nécessaire à l'émergence de la vérité. C'est en effet à la faveur d'un bouleversement des identités que l'amour se fait jour et se déclare. Si Dorante et Silvia affirment, pour finir, la force de leur amour, c'est que celui-ci est né d'une « aventure unique », du « coup de hasard le plus singulier » (III, 4). Le masque est ainsi *un emblème de ce hasard* malicieux qui réunit les êtres.

Le titre de la pièce reçoit ici sa pleine signification : *le jeu* que le déguisement introduit permet ce désordre *du hasard* favorable à la révélation *de l'amour*.

Le masque est donc, dans *le Jeu*, un symbole particulièrement complexe :

1. Le masque est une représentation de l'existence sociale fondée sur l'apparence et parfois le mensonge. Pour Marivaux, ce masque peut et doit être levé parce qu'il aliène la liberté des êtres pris dans un jeu de dupes et parce qu'il est un obstacle à la vérité. Le théâtre devient le lieu d'une cérémonie presque rituelle : à la fin du *Jeu*, comme de nombreuses pièces de Marivaux, tous les masques tombent et les « âmes » se dévoilent. Cette cérémonie est nécessaire au bonheur, qui ne saurait se passer de sincérité.

2. Le masque, critiqué dans son pouvoir mystificateur, est pourtant conservé pour une de ses vertus essentielles : auxiliaire du hasard, il remet en cause la fixité des identités. Il permet ainsi la naissance d'une vérité nouvelle, d'autant plus lumineuse qu'elle est plus surprenante : celle du cœur.

Le masque suscite donc une réflexion sur l'identité, la sincérité, le rôle du hasard et de la société dans la destinée des êtres mais rappelons-nous qu'il est aussi et surtout le symbole même du théâtre. *Le Jeu de l'amour et du hasard*, en multipliant les jeux du « théâtre dans le théâtre » (le mot « comédie » revient plusieurs fois dans la pièce), nous invite à nous interroger sur l'essence et la fonction de l'art dramatique. Le masque permet une aventure extraordinaire et il donne au théâtre la dimension d'une « expérimentation imaginaire où l'homme, souvent, cherche à atteindre ce que la société ne lui donne pas »[1].

1. J. Duvignaud, *Pour une sociologie du théâtre*, P.U.F., 1965.

Le spectateur de théâtre reçoit de la scène plusieurs messages : celui prononcé par les acteurs, c'est-à-dire leur dialogue, mais aussi le message de leurs mouvements, de leurs gestes dans un décor donné et dans un rythme particulier. Le théâtre n'est donc pas seulement un ensemble de discours mais il comprend un espace et une durée spécifiques. C'est l'utilisation de la pluralité de ces langages qui définit le style propre d'un dramaturge.

LE « MARIVAUDAGE »

Le terme de « marivaudage » a été très souvent employé dans le passé pour définir le « style » de l'auteur du *Jeu*. Il apparaît d'ailleurs dès 1760. Mais ce mot comporte une très grande ambiguïté. Il fut longtemps utilisé pour dénigrer le théâtre de Marivaux dans lequel Sainte-Beuve ne voyait qu'un « badinage à froid » et même « une sorte de pédantisme ». Voici d'ailleurs la définition du mot « marivaudage » dans le *Petit Robert* : « 1. Affectation, afféterie, préciosité, recherche dans le langage et le style. 2. Propos, manège de galanterie délicate et recherchée. »

Le « marivaudage » renvoie donc aux particularités du style de Marivaux mais également aux situations et aux sentiments amoureux qu'il a souvent mis en scène. Les mots « affectation », « afféterie », « recherche » dénoncent chez Marivaux le manque de naturel et de spontanéité ; le mot « préciosité », lui-même, évoque moins le courant artistique et littéraire du 17e et du 18e siècle qui porte ce nom qu'un caractère trop travaillé, trop « poli » du style. Marivaux est en somme accusé de pousser trop loin les prérogatives de l'écrivain et les artifices de l'écriture au point de préférer le style à la pensée. (Voltaire ne reproche-t-il pas à Marivaux de « peser des œufs de mouche dans des balances en toiles d'araignée » !)

Voilà bien le paradoxe et l'injustice car Marivaux lui-même ne cesse d'affirmer la nécessité du « naturel » et se défend même d'être un « auteur » parce qu'il fuit l'artifice. Il veut être jugé pour l'originalité de sa pensée et non sur le seul travail des mots. Il croit au hasard et donc à la spontanéité dans l'élaboration de cette pensée : « Oui ! je préférerais toutes les idées fortuites que le hasard nous donne à celles que la recherche la plus ingénieuse pourrait nous fournir dans le travail[1]. »

Marivaux répond à ses détracteurs et redéfinit à sa façon le style : « Vous accusez un auteur d'avoir un style précieux. Qu'est-ce que cela signifie ? Que voulez-vous dire avec votre style ? Vous dites que « les mots propres dont il n'a pu s'empêcher de se servir, sont recherchés ». Ils ne le sont pourtant pas, ce sont seulement des mots qu'on ne voit pas ordinairement aller ensemble, parce que la pensée qu'il exprime n'est pas commune, et que les dix ou douze idées qu'il a été obligé d'unir pour former sa pensée, ne sont pas plus ordinairement ensemble » (Sixième Feuille du *Cabinet du Philosophe*). Le style, c'est finalement l'originalité, la nouveauté de la pensée qui produit des associations de mots nouvelles. On peut donc considérer Marivaux comme un inventeur. Il a forgé nombre d'expressions que nous employons couramment aujourd'hui comme « mettre en valeur » ou « tomber amoureux ».

Les critiques contemporains ont d'ailleurs rendu justice à cet esprit novateur et le terme de « marivaudage » a pris un sens positif. On a en effet mesuré la dette que notre langage a envers l'auteur du *Jeu*. Marivaux a plus particulièrement marqué celui du théâtre en lui imprimant un dynamisme nouveau.

---

1. Marivaux, Première Feuille du *Spectateur Français*.

C'est en effet moins la subtilité que le mouvement qui définit ce théâtre. Le spectateur de Marivaux a le sentiment de
voyager, du début à la fin de la pièce, dans une spirale au
déroulement quasi continu. Les situations ne sont jamais
durablement bloquées. Leur progrès traduit au contraire
l'évolution des sentiments, des jugements, des relations
humaines. Cette dynamique, perceptible de scène en scène,
l'est aussi de réplique en réplique. Le dialogue, dans lequel
Marivaux est passé maître, est le cœur de ce mouvement.

• *La réplique*

Parler, dans le théâtre de Marivaux, c'est le plus souvent
répondre, réagir en prenant les mots au vol. Il faut donc
donner au mot « réplique » son sens premier et plein.

Dans *le Jeu de l'amour et du hasard*, la réplique est mar-
quée par sa brièveté. Elle est composée, le plus souvent, de
deux ou trois phrases courtes. Les répliques plus longues
sont des exceptions remarquables. Par exemple, celle dans
laquelle M. Orgon donne lecture de la lettre du père de
Dorante est une étape indispensable de l'exposition (I, 4).
Tout aussi exceptionnelles et nécessaires, les tirades de Silvia scandent les temps forts de la pièce. Elles traduisent son
désir de se justifier face à Dorante (II, 9) ou son père
(II, 11), sa joie (III, 4) ou la force de son amour (III, 8). Le
monologue, forme fréquente dans la comédie de Molière,
est, dans *le Jeu*, représenté par une seule scène (II, 8).

Un autre caractère de la réplique type de cette comédie
est la place tenue par l'exclamation et l'interrogation. Ces
deux modalités illustrent, par leur fréquence exceptionnelle,
les surprises et les doutes qui s'emparent de personnages
jamais en repos. Ainsi Silvia, dans la scène 11 de l'acte II,
multiplie les questions qui traduisent à la fois son trouble,
son indignation et son désir de vérité : « ... Mais que fais-
je ? de quoi m'accuse-t-on ? Instruisez-moi, je vous en con-
jure ; cela est-il sérieux ? Me joue-t-on ? se moque-t-on de
moi ? Je ne suis pas tranquille. »

• *La vivacité*

La brièveté des phrases, la construction fréquemment sans coordination impriment au dialogue un rythme rapide et donnent au spectateur une impression de légèreté et de naturel. Ce rythme spécifique est une tentative pour saisir la soudaineté des impressions vécues qui, en un instant, transforment l'être. Il est alors des paroles prononcées qui, dans le feu du dialogue, apparaissent comme l'expression la plus pure du sentiment vrai. Et l'on entend de véritables « cris du cœur ».

Le brio de Marivaux dialoguiste est éclatant dans l'enchaînement entre les répliques. Celles-ci s'articulent très souvent par la reprise d'un mot ou d'une expression, comme si le dialogue ricochait de réplique en réplique. Ce procédé donne parfois au dialogue un caractère ludique et le jeu de l'amour est alors un véritable jeu du langage, un jeu sur les mots.

Silvia : (...) Tu peux te passer de me parler d'amour, je pense ?

Dorante : Tu pourrais bien te passer de m'en faire sentir, toi.

Silvia : Ah ! je me fâcherai ; tu m'impatientes. Encore une fois, laisse là ton amour.

Dorante : Quitte donc ta figure (I, 7).

Cet enchaînement a une autre valeur. Si les personnages reprennent les mots des autres, c'est qu'ils existent par rapport à eux, s'expriment en fonction d'eux autant que pour eux-mêmes. Le dialogue est alors un véritable échange : échange des mots qui sont autant de signes des sentiments que l'on voudrait communiquer (et parfois dissimuler). Si la scène amoureuse est la parfaite illustration de cet échange parfois difficile, il existe une autre scène caractéristique, celle de la dispute : les personnages s'y définissent les uns vis-à-vis des autres sur le mode de la confrontation.

• *Une scène typique : la dispute*

La dispute, comme le badinage amoureux, est souvent dans les comédies de Marivaux un jeu sur les mots mais dans ce cas ils font mal ! Les pointes, les allusions à mots couverts sont ressenties comme des insultes ou utilisées comme des armes.

Dans la scène 7 de l'acte II, le conflit entre Lisette et Silvia met particulièrement en valeur la dramaturgie de la dispute propre à Marivaux. Chaque personnage, tour à tour, tente de contrôler l'échange et le ton monte rapidement, à la faveur de répliques brèves, entre maîtresse et suivante. Chaque mot de Lisette a le pouvoir de mettre Silvia hors d'elle et lorsque celle-ci est arrivée au plus haut point de l'indignation, elle reprend précisément les mots de son « adversaire » :

Lisette : (...) Quelle finesse entendez-vous à ce que je dis ?
Silvia : Moi, j'y entend finesse ! Moi, je vous querelle pour lui (Dorante) ! J'ai bonne opinion de lui ! Vous me manquez de respect jusque-là ! Bonne opinion ! juste ciel ! Bonne opinion ! Que faut-il que je réponde à cela ? Qu'est-ce que cela veut dire ? A qui parlez-vous ?

Ici, il n'y a plus de retenue ; les mots dans leur désordre traduisent les bouleversements du cœur, l'humiliation de l'amour-propre, la surprise. La puissance de ces scènes permet d'apprécier précisément le poids des mots et l'ambiguïté du langage. Dans ce cas, loin de permettre une communication transparente, il épaissit les malentendus.

Les différents conflits dont la résolution est l'enjeu de la comédie (conflit social, conflit des générations, conflit amoureux) se trouvent ainsi mis en valeur. C'est par le dialogue qu'ils évoluent.

L'UTILISATION DE LA DURÉE

• Enchaînements

Selon le schéma classique, le changement de scène s'effectue dans *le Jeu* chaque fois qu'un personnage entre en scène ou en sort. Les transitions entre les scènes n'apparaissent jamais artificielles parce que les entrées et les sorties sont toujours justifiées. Ainsi, dans l'acte I (sc. 1 à 2), M. Orgon entre pour informer sa fille de l'arrivée de Dorante. Lisette et Silvia se retirent pour se déguiser (sc. 2, 3 à 4). Silvia réapparaît pour montrer son costume de femme de chambre (sc. 4 à 5). Bourguignon-Dorante fait son entrée pour annoncer l'arrivée de son maître (sc. 5 à 6), etc.

Marivaux tire des entrées et des sorties plusieurs effets significatifs. Ainsi, dans la scène 10 de l'acte II, M. Orgon et Mario, entrant, surprennent Dorante aux pieds de Silvia, ce qui occasionne un petit coup de théâtre. Dans l'acte III, la sortie de Dorante, chassé par Mario, est aussi éminemment dramatique (III, 3).

• *Un rythme particulier*

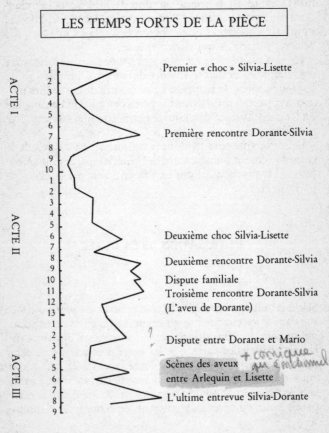

LES TEMPS FORTS DE LA PIÈCE

ACTE I

1 Premier « choc » Silvia-Lisette
2
3
4
5
6
7 Première rencontre Dorante-Silvia
8
9
10

ACTE II

1
2
3
4
5
6 Deuxième choc Silvia-Lisette
7
8 Deuxième rencontre Dorante-Silvia
9
10 Dispute familiale
11 Troisième rencontre Dorante-Silvia
12 (L'aveu de Dorante)
13

ACTE III

1
2
3 Dispute entre Dorante et Mario
4
5 Scènes des aveux
6 entre Arlequin et Lisette
7
8 L'ultime entrevue Silvia-Dorante
9

62

Les transitions créent l'effet d'un déroulement naturel qui tient en haleine le spectateur. On ne doit pas en conclure que le rythme de la pièce est régulier et uniforme. Sa respiration vient, en fait, de l'alternance entre des scènes courtes au rythme soutenu et des scènes plus longues qui créent un effet de ralentissement à valeur émotive. Les scènes courtes sont des scènes d'information, de transition ou de dispute comique. Les scènes longues sont les scènes amoureuses ou celles de dispute sérieuse. Ainsi les treize scènes de l'acte II peuvent se répartir ainsi :

— les « temps forts » (sc. 3 et 5 : scènes amoureuses entre Lisette et Arlequin. Sc. 7 : dispute sérieuse entre Silvia et Lisette. Sc. 9 : scène amoureuse entre Silvia et Dorante. Sc. 11 : dispute sérieuse entre Silvia et sa famille. Sc. 12 : scène amoureuse entre Silvia et Dorante) ;

— les temps de détente (scènes 1, 2, 4, 6, 8, 10, 13).

Le temps dramatique est ainsi découpé afin de mettre en valeur les moments pleins du spectacle tout en permettant la libération des tensions qu'il occasionne.

L'ESPACE DU JEU

Les indications scéniques concernant l'organisation de l'espace et le mouvement des acteurs sont extrêmement rares dans le *Jeu de l'amour et du hasard*. Doit-on en déduire que l'espace intéresse peu Marivaux dramaturge ou que le mouvement de la pièce se concentre exclusivement dans le dialogue ?

En réalité, on ne doit pas s'étonner de ce manque de précisions concernant l'espace. Les auteurs du théâtre classique règlent ces questions avec les acteurs sur la scène elle-même.

La seconde raison, c'est que Marivaux conçoit le théâtre comme un espace de liberté où l'acteur a sa part de responsabilité, de création, sa part dans le jeu. Et l'on connaît l'habileté des interprètes italiens de Marivaux dans l'utilisation de l'espace et de la gestuelle. Au dépouillement du texte en fait d'indications scéniques correspond donc une grande liberté de mouvement.

Si l'unité de lieu (« La maison de M. Orgon ») est respectée, la multiplication de ces mouvements élargit en quelque sorte la scène. A celle que nous voyons s'ajoutent plusieurs autres lieux que le texte suggère : le cabinet de toilette où Silvia et Lisette se travestissent, lieu du secret et de la féminité ; à l'opposé, l'extérieur de la maison, la rue par laquelle arrive Dorante et par laquelle il peut repartir ; les recoins où les maîtres attirent les valets pour les sermonner ; celui enfin où se cachent M. Orgon et Mario pour mieux surprendre Dorante et Silvia.

Un principe d'économie règle l'organisation de l'espace (on peut jouer toute la pièce dans le salon de M. Orgon) mais les autres lieux (ceux qu'on imagine et qui constituent la partie invisible du décor, les lieux cachés comme le cabinet de toilette) ont une valeur symbolique : ils représentent ce secret que les personnages tentent d'interposer entre eux et les autres.

Le mouvement essentiel qui anime l'espace est celui des personnages qui se cherchent ou se fuient suivant le mouvement de leur cœur ou de leur conscience. C'est en retenant sans cesse Silvia qui veut sortir que Dorante gagne peu à peu son amour. Ainsi dans la scène 12 de l'acte II :
Dorante : Ah ! je te cherchais, Lisette.
Silvia : Ce n'était pas la peine de me trouver, car je te fuis, moi.
Dorante (l'empêchant de sortir) : Arrête donc, Lisette, j'ai à te parler pour la dernière fois (...)
Silvia : (...) Je me défendrai bien de t'entendre, moi ; adieu.
Dorante : Reste.

Dans l'acte III les rôles sont inversés : Silvia recherche Dorante qui, humilié et jaloux, veut partir. L'instant le plus dramatique de l'acte est assurément celui où Silvia croit perdre celui qu'elle aime (III, 8). Elle le regarde partir :
Silvia (à part) : S'il part, je ne l'aime plus, je ne l'épouserai jamais... (Elle le regarde aller.) Il s'arrête pourtant ; il rêve, il regarde si je tourne la tête, et je ne saurais le rappeler, moi (...) Ah ! voilà qui est fini, il s'en va (...) Dorante reparaît pourtant ; il me semble qu'il revient. Je me dédis donc ; je l'aime encore... Feignons de sortir, afin qu'il m'arrête.

Cette réplique permet de constater que plusieurs indications scéniques figurent dans le texte prononcé. Par la même occasion nous pouvons observer une admirable utilisation dramatique de l'espace qui devient un élément indispensable à l'action et au sens de la pièce. Rester ou partir, retenir ou rejeter deviennent les gestes essentiels qui vont décider d'une vie entière. Le temps est alors comme suspendu. Les spectateurs inquiets comme Silvia, étonnés de cet étrange dénouement, regardent Dorante s'éloigner comme si la vie se retirait de la scène et ne reprennent leur respiration que lorsqu'il revient. Un grand moment de théâtre où chaque dimension : le temps, l'espace et la parole des acteurs, prend un sens plein.

Confondant le comique et la farce, on a souvent dit que Marivaux n'était pas un auteur comique. Il n'y a certes rien de commun entre la farce à la mode à son époque et la comédie marivaudienne ; pourtant les effets comiques sont nombreux et variés dans le théâtre de Marivaux.

LE COMIQUE DES CARACTÈRES

Le comique le plus conventionnel est assurément celui des caractères, c'est-à-dire le comique propre aux personnages eux-mêmes : leurs traits distinctifs ont été fixés et accusés par une tradition. C'est, dans la pièce, uniquement le cas d'Arlequin, le valet de la comédie italienne.

L'utilisation qu'en fait Marivaux dans *le Jeu* appelle plusieurs remarques. Tout d'abord Marivaux respecte la tradition qui fait d'Arlequin un valet résolument comique. Arlequin fait rire par sa vivacité, son excès, son impatience amoureuse. Mais Marivaux renouvelle aussi le personnage : celui-ci est d'autant plus drôle qu'il est déguisé. En effet le comique d'Arlequin naît essentiellement du décalage entre son discours et son habit aristocratique. Arlequin joue mal son rôle de maître comme Dorante le lui rappelle périodiquement. Son « masque » est mal ajusté. Le valet transparaît pour le plaisir du spectateur qui savoure ce double jeu.

L'Arlequin du *Jeu* n'est pas figé dans son type. Sa soumission initiale aux visées de son maître se transforme peu à peu en insolence quand Arlequin se croit aimé d'une grande dame. Il s'ensuit une opposition de caractères qui engendre également des effets comiques. Le couple maître/valet

connaît ici une nouvelle version. La complicité traditionnelle qui les unit fait place dans *le Jeu* à une confrontation
comique. La rudesse des manières d'Arlequin s'oppose au
raffinement de celles de Dorante. Quand ce dernier prêche
la modération, Arlequin entend brûler les étapes et donner
dans l'excès. Il s'amuse et se réjouit pendant que son maître
est dans le plus grand embarras.

Dans la scène 7 de l'acte III, la rivalité comique entre maître et valet atteint son point culminant : Arlequin se moque
de Dorante en lui faisant croire qu'il va épouser la fille de
la maison alors que son maître se contente d'une « chambrière ».

Les autres caractères de la pièce ont un comique plus dis-
cret : Lisette a l'enjouement gai d'une servante de comédie,
Mario l'humour qui sert d'aiguillon aux autres personnages.

LE COMIQUE DES SITUATIONS :
QUIPROQUOS ET MALENTENDUS

La seconde forme de comique naît des situations. Si certai-
nes sont prétexte à rire, c'est que le spectateur les ressent
comme autant de jeux. Il a l'avantage d'en maîtriser les données et de voir certains personnages être trompés en croyant
être trompeurs. Le spectateur a ainsi l'impression d'être partie prenante dans un jeu de dupes mais du côté de ceux qui
tirent les ficelles. Son plaisir et son rire naissent de cette con-
nivence avec les meneurs de jeu. Ainsi, dans la scène 6 de
l'acte I, c'est à une sorte de partie de colin-maillard que nous
assistons. Ne voit-on pas M. Orgon et Mario pousser l'un
vers l'autre Silvia et Dorante trompés chacun par le déguisement de l'autre ?

Le double jeu d'Arlequin, parodiant l'autorité des maîtres et l'instant d'après soumis au sien, ne manque pas non
plus son effet (I, 8 et 9).

Le raffinement complexe de l'intrigue et particulièrement
les déguisements ont pour conséquence de placer les personnages dans des situations amusantes. Quiproquos et
malentendus se multiplient. Ainsi, dans la scène 13 de l'acte

II, Mario joue l'étonné lorsque sa sœur lui révèle l'aveu que vient de faire Dorante :

Silvia : Ce n'est point Bourguignon, mon frère, c'est Dorante.

Mario : Duquel parlez-vous donc ?

Silvia : De lui, vous dis-je (...)

Mario : Qui donc ?

Silvia : Vous ne m'entendez donc pas ?

Mario : Si j'y comprends rien, je veux mourir.

La scène qui présente le plus bel exemple de malentendu est celle du double aveu de Lisette et d'Arlequin (III, 6). Les deux valets, sermonnés par leurs maîtres respectifs, sont dans l'obligation de révéler à l'autre qui ils sont. Mais ils ne se pressent pas de dire qu'ils sont seulement des valets car ils craignent de perdre l'amour de leur partenaire qu'ils croient noble. Chaque personnage est alors trompeur et trompé et le sel du dialogue tient au retard apporté à la « confession » de chacun. Aucun des deux ne peut comprendre pourquoi l'autre devient si modeste et nie tous ses mérites :

Lisette : Enfin, monsieur, faut-il vous dire que c'est moi que votre tendresse honore ?

Arlequin : Ahi ! ahi ! je ne sais plus où me mettre.

Lisette : Encore une fois, monsieur, je me connais.

Arlequin : Eh ! je me connais bien aussi, et je n'ai pas là une fameuse connaissance ; ni vous non plus, quand vous l'aurez faite.

Le malentendu s'aggrave encore lorsque Lisette, se doutant de quelque chose, somme Arlequin de lui dire qui il est et n'obtient pas de réponse.

LE COMIQUE VERBAL

Le comique verbal, c'est avant tout celui du dialogue, de l'échange, de la repartie. Marivaux joue sur plusieurs registres.

• *Le comique traditionnel des injures*

Scène pratiquement immanquable de la comédie : Arlequin,

au début du troisième acte, essuie de la part de son maître une série d'injures. C'est une façon de relancer le dialogue de façon vigoureuse après l'entracte. Mais ce qui est moins attendu, c'est le sens de l'humour du valet qui réplique très logiquement à son maître et reprend à chaque fois le dessus dans l'échange :

Dorante : Maraud !
Arlequin : Maraud, soit ; mais cela n'est point contraire à faire fortune.
Dorante : Ce coquin ! Quelle imagination il lui prend !
Arlequin : Coquin est encore bon, il me convient aussi ; un maraud n'est point déshonoré d'être appelé coquin ; mais un coquin peut faire un bon mariage (III, 1).

On le voit, les valets ne manquent pas d'esprit chez Marivaux lorsqu'ils entreprennent de subvertir la norme sociale. Dans ces quelques répliques, Arlequin annonce le Figaro de Beaumarchais.

• Le comique par allusion

L'art de la suggestion, à l'œuvre dans *le Jeu*, est utilisé pour créer un genre de comique par allusion dont les exemples abondent. Ainsi Lisette dans la première scène déclare à propos de Dorante : « Il n'y a presque point de fille, s'il lui faisait la cour, qui ne fût en danger de l'épouser sans cérémonie. »

Ce type de comique par allusion consiste finalement à dire sans prononcer directement les mots qui conviennent. Il s'apparente à un jeu de devinettes. C'est par ce moyen qu'Arlequin veut faire découvrir à Lisette qui il est mais sans le dire lui-même. Il fait alors allusion à son état de valet à travers des métaphores :

Arlequin : (...) Madame, votre amour est-il d'une constitution robuste ? Soutiendra-t-il bien la fatigue que je vais lui donner ? Un mauvais gîte lui fait-il peur ? Je vais le loger petitement (III, 6).

Pour lui faire deviner la bassesse de sa condition, Arlequin emploie d'autres images. Il se compare tour à tour à « un louis d'or faux » ou à « un soldat d'antichambre ». Avec cette dernière expression le comique par allusion se double d'un comique par association de mots : « soldat » est pour

Arlequin plus avantageux que « serviteur » évoqué par « antichambre ».

Une autre forme très subtile de comique par allusion est représentée par une réplique de Dorante dans la scène 7 de l'acte I. Lorsqu'il répond : « Quitte donc ta figure » à Silvia qui lui enjoint de laisser là son amour, le spectateur peut y voir un clin d'œil plein de finesse de Marivaux qui lui rappelle que Silvia joue un rôle. « Figure » signifie en effet « visage qui inspire l'amour » pour Dorante et, pour le spectateur, « masque ».

• Le dialogue « parasité »

Autre procédé comique, le « parasitage » d'un dialogue par un personnage tiers. On rencontre cette forme dans le Jeu lorsqu'un personnage vient interrompre une communication déjà établie ou la perturber. Ainsi dans la deuxième scène de l'acte I, en reprenant et déformant les discours tenus par sa maîtresse, Lisette rend difficile la communication de Silvia et de son père. La voix surajoutée de Lisette a un effet parodique : la servante « singe » la maîtresse. On est alors dans le registre burlesque. Lisette, répétant à sa façon les portraits de femmes malheureuses décrites par Silvia, déclare à Orgon interloqué (I, 2) : « Monsieur, un visage qui fait trembler, un autre qui fait mourir de froid, une âme gelée qui se tient à l'écart (...) voilà, monsieur, tout ce que nous considérons avec tant de recueillement. »

LES FONCTIONS DU COMIQUE

La variété des formes comiques dans le Jeu répond à quelques fonctions essentielles : mise en évidence des conflits, du jeu sous toutes ses formes, des incertitudes du langage, rôle de contrepoint.

Tout d'abord, par l'opposition des caractères et des langages, le comique souligne l'opposition des conditions. Il fait rire aux dépens des valets et parfois aux dépens des maîtres.

Ensuite, le comique met en évidence la complexité des

situations due au jeu (déguisements, secret qu'ils supposent). Les personnages suscitent le rire parce qu'ils ne sont pas à leur place et ne tiennent pas le discours qu'on attend d'eux.

Le comique favorise donc une réflexion sur le langage lui-même qui sert tout autant à dire qu'à cacher (comique par allusion).

Enfin le comique est utilisé dans une technique du contrepoint. Dans *le Jeu* scènes comiques et scènes sérieuses alternent. Le rire libère donc ainsi des tensions que développent des situations conflictuelles.

LES LIMITES DU COMIQUE

De fait, le comique n'est pas le seul registre représenté dans la pièce. Celle-ci peut parfois prendre une résonance pathétique. Comment d'ailleurs s'en étonner ? Dorante et Silvia, en effet, sont placés dans des situations difficiles et le comique ne saurait seul traduire leurs inquiétudes.

Ce sont précisément les nuances de leurs sentiments qui font la richesse de ces personnages. Dorante, se jetant aux genoux de Silvia, émeut le spectateur qui entend le jeune homme se désoler de l'indifférence de celle qu'il aime. L'accent de sincérité de cet amour prend alors parfois le ton d'une réplique de tragédie.

Dorante (à Silvia) : (...) Désespère une passion dangereuse, sauve-moi des effets que j'en crains ; tu ne me hais, ni ne m'aimes, ni ne m'aimeras ; accable mon cœur de cette certitude-là. J'agis de bonne foi, donne-moi du secours contre moi-même ; il m'est nécessaire ; je te le demande à genoux (II, 9).

Le Jeu de l'amour et du hasard est parfois un jeu cruel. Les personnages qui mettent les autres à l'épreuve les font souffrir. Peut-être parce qu'eux-mêmes ont peur. Peur des autres. Peur de n'être pas reconnus. De n'être pas aimés. Les cris de colère, les indignations, les interrogations perpétuelles, les silences mêmes sont les manifestations de cette peur, de ces souffrances. Et ce désarroi est comme une étape obligée sur le chemin des certitudes et du bonheur.

La comédie n'exclut donc pas la souffrance et les larmes. Les pleurs de Silvia sont souvent près de se répandre. On est alors dans ce registre de la sentimentalité caractéristique de la sensibilité et de l'écriture du 18ᵉ siècle. *Le Jeu* pourtant conserve un équilibre entre comique et pathétique. Et si l'on passe du rire à l'attendrissement et aux larmes, c'est au bénéfice du « naturel » cher à Marivaux. Mêler les registres, n'est-ce pas explorer et reconnaître la variété des impressions du cœur humain ?

Le Jeu de l'amour et du hasard existe, bien entendu, sous la forme d'un texte écrit. Mais la comédie n'acquiert sa véritable dimension et sa pleine richesse que lors de sa représentation. Portée à la scène, la pièce devient spectacle, expérience fugitive où nous rencontrons non seulement des mots mais des gestes, des corps, des couleurs, des voix. Le texte reçoit alors, au sens plein, une *interprétation*.

Précisément, les mises en scène du *Jeu*, depuis sa création le 23 janvier 1730, ont manifesté la variété des interprétations possibles et parfois leurs contradictions. Il faut préciser que *le Jeu* est la pièce de Marivaux la plus fréquemment représentée : la Comédie-Française, à elle seule, l'a jouée plus de 1 400 fois entre 1730 et aujourd'hui.

LA TRADITION

Nous avons évoqué ce que pouvait être la pièce lorsqu'elle a été créée par la comédie italienne (cf. p. 7). Ce spectacle empreint de fantaisie et de mouvement a laissé place au 19e siècle (et encore aujourd'hui parfois) à des mises en scène plus dépouillées, qui laissent « parler le texte ». Le théâtre de Marivaux a été ainsi longtemps considéré comme un « théâtre d'intérieur ». Les acteurs devaient essentiellement mettre en valeur les aspects psychologiques des personnages. L'unité du décor conservé (un salon souvent somptueux où trônent quelques meubles Louis XV), la retenue du geste, un travail portant avant tout sur la diction répondaient à un souci classique de la mise en scène.

Même si les costumes, les meubles, les tentures évoquaient le 18e siècle, l'univers du *Jeu* ainsi créé est souvent apparu comme un monde irréel, hors du temps, comme une pure création verbale. L'esprit même du spectacle initial a ainsi été transformé. Le personnage d'Arlequin a été, par exemple, remplacé par un personnage francisé et moins fantaisiste, Pasquin. (C'est le cas en 1885 à l'Odéon où le jeune Duard est remarqué dans ce rôle.) C'est d'ailleurs à la Comédie-Française qu'ont lieu les représentations les plus célèbres du *Jeu* au cours du 19e siècle.

Les grandes comédiennes de l'époque, parmi lesquelles la fameuse Mlle Mars, vont s'illustrer dans le rôle de Silvia. C'est dans ce même rôle que la grande Sarah Bernhardt fait ses débuts le 19 octobre 1866. Plus récemment on peut nommer Marie Bell (1936), Hélène Perdrière (1955) ou Anne Carrère (1960). Le personnage de Dorante a attiré également des acteurs célèbres comme Pierre Fresnay (1920) ou Julien Bertheau (1953).

LE RENOUVEAU

Dans les cinquante dernières années le théâtre de Marivaux a été à la fois redécouvert et enrichi. Redécouvert parce que la longue tradition du « Marivaux d'intérieur » a été battue en brèche par des metteurs en scène comme Jean-Louis Barrault qui ont renoué avec le « jeu italien ». La pantomime a de nouveau accompagné ou suppléé le verbe suivant le désir exprimé par Marivaux lui-même dans *les Serments indiscrets* (II, 10) : « Il y a des manières qui valent des paroles ; on dit ''je vous aime'' avec un regard, et on le dit bien. »

Par ailleurs la vision du *Jeu* a été profondément renouvelée par des interprétations résolument réalistes. Dans les décors et les objets du spectacle, des éléments très prosaïques ancrent la pièce dans une réalité sociale qui avait été jusque-là ignorée. Cette préoccupation du détail réaliste fut parfois jugée puérile : ainsi dans une reprise du *Jeu* en 1939 le rideau se levait au premier acte sur Silvia tricotant tandis que Lisette brodait sur un tambour ; à ces activités « ménagères » s'opposait l'entrée de Mario paraissant en scène porteur de dessins qu'il affectait de regarder.

Des metteurs en scène comme Planchon ou Chéreau formulent l'idée que les comédies de Marivaux sont sous-tendues par le jeu des antagonismes sociaux et cette fois, la comédie « irréelle » devient comédie de mœurs. Ce ne sont plus des caractères qui s'affrontent mais des conditions inégales. Dans cette perspective, à la télévision, Marcel Bluwal a « voulu tirer l'œuvre du marivaudage bien connu[1] ». Avec des acteurs remarquables comme Danièle Lebrun (Silvia), Jean-Pierre Cassel (Dorante), Claude Brasseur (Arlequin) et Françoise Giret (Lisette), il a voulu peindre un monde où « le rapport entre maîtres et serviteurs ressemblât un peu à celui des grandes plantations de Louisiane avant la guerre de Sécession[1] ». Pour créer ce monde particulier, Marcel Bluwal a tourné *le Jeu* dans le Val-de-Loire, dans un château et un grand parc sans clôture, multipliant ainsi les lieux des rencontres, des surprises et des confrontations.

UNE ENTREPRISE DIFFICILE ET PASSIONNANTE

Dans *Les grands rôles du théâtre de Marivaux*, Maurice Descotes souligne la tâche ardue que suppose, pour l'acteur, l'interprétation du *Jeu* : le comédien doit parler, mais « par d'autres signes manifester les sentiments secrets et véritables qui cheminent en lui » et ainsi pour lui il s'agit de « deux rôles en un seul ». Cette double dimension a été ressentie par bien des acteurs qui doivent offrir par leur jeu l'idée d'une division. Ainsi Jean-Pierre Cassel fut dans la mise en scène de Marcel Bluwal et selon les termes du réalisateur « un Dorante divisé à souhait » entre la joie et la mélancolie, la douleur et le sourire.

Chaque réplique offre à l'acteur ou à l'actrice une grande richesse d'inflexions. Pierre Larthomas cite, dans *Le langage dramatique*, une réplique de la première scène du *Jeu* qui lui paraît remarquable parce qu'elle « offre à l'actrice la possibilité d'user de sept inflexions différentes[2] » : « Silvia (à Lisette qui lui vante les qualités de Dorante) : Oui, dans le

1. Marcel Bluwal, *Un aller*, Stock, 1974, p. 280.
2. P. Larthomas, *Le langage dramatique*, Paris, P.U.F., 1980, pp. 59-60.

portrait que tu en fais, et on dit qu'il y ressemble, mais c'est on-dit, et je pourrais bien n'être pas de ce sentiment-là, moi... » L'approbation feinte, la restriction et les objections qui suivent, le renforcement final par le pronom personnel « moi » sont autant de nuances qui enrichissent le texte et stimulent la création de l'actrice.

L'équilibre pour le metteur en scène entre franche comédie et comédie attendrissante est tout aussi difficile à réaliser. Du côté de la fantaisie, on a pu voir, dans une mise en scène récente, Dorante et Arlequin arriver sur scène dans la nacelle d'un ballon et Mario apparaître avec l'arc et les ailes de Cupidon ! On retrouve ainsi la féerie des premières pièces de Marivaux.

Les plus grands metteurs en scène s'emparent aujourd'hui de Marivaux. Leurs essais de rénovation dramatique montrent, dans leurs avancées et leurs limites, sa complexité, la difficulté de le mettre en scène et dans le même temps l'intérêt voire la passion que cette entreprise peut susciter à notre époque.

Bibliographie

Pour une lecture enrichie du *Jeu de l'amour et du hasard* :

1. L'œuvre de Marivaux

• *Théâtre complet* (2 vol.), présenté par F. Deloffre, Paris, Garnier, 1968, comprenant introduction, chronologie, commentaire, index et glossaire.
• *Théâtre complet*, présenté par J. Scherer et B. Dort, Paris, Le Seuil, 1964 (« L'Intégrale »). Comprend l'« Éloge de Marivaux » par d'Alembert.
• Signalons que les *Journaux et œuvres diverses* de Marivaux qui apportent un éclairage inestimable sur sa pensée et son écriture ont été édités par Garnier (Paris, 1969), et sous forme d'extraits dans les Nouveaux classiques Larousse (Paris, 1974).

2. Les études sur la vie, l'œuvre et l'écriture de Marivaux

• P. Gazagne, *Marivaux par lui-même*, « Écrivains de toujours », Paris, Le Seuil, 1954. Permet de saisir les différentes facettes de l'écrivain et de l'œuvre.
• H. Coulet et M. Gilot, *Marivaux, un humanisme expérimental*, « Thèmes et textes », Paris, Larousse, 1973. Une synthèse remarquable qui envisage particulièrement l'analyse des sentiments et les jeux du théâtre chez Marivaux.
• G. Poulet, *Étude sur le temps humain* (t. II), Paris, Plon, 1952 ; sur le « jeu du temps et du hasard » dans le théâtre de Marivaux.

• F. Deloffre, *Une préciosité nouvelle. Marivaux et le marivaudage*, Paris, A. Colin, 1967. Étude importante sur la fonction du langage dans le système théâtral marivaudien.
• B. Dort, *Théâtre public*, Paris, Le Seuil, 1967, p. 71-76. Une analyse de la dimension sociale, des conflits et des épreuves vécus par les personnages dans le théâtre de Marivaux.
• M. Descotes, *Les grands rôles du théâtre de Marivaux*, Paris, P.U.F., 1972. Étude des registres de la comédie marivaudienne et des questions de mise en scène.
• J.-B. Ratermanis, *Étude sur le comique dans le théâtre de Marivaux*, Droz, Minard, 1961.
• P. Lambert, *Réalité et ironie. Les jeux de l'illusion dans le théâtre de Marivaux*, Ed. Univ. de Fribourg. Sur les thèmes du déguisement et du double.
• M. Deguy, *La machine matrimoniale*, Gallimard.
Dans tous ces ouvrages *le Jeu de l'amour et du hasard* est souvent et largement évoqué.

3. Le contexte historique, social et théâtral

• *Histoire de la France*, Paris, Larousse, 1970. Ch. 18 : A. Bourde définit l'esprit des « Lumières » et le goût du jeu.
• L.-S. Mercier, *Le tableau de Paris*, Paris, Maspero, 1982. Regard critique d'un homme du 18e siècle sur les conditions et les conventions sociales de son époque ; cf. p. 223-227, « Filles à marier » et « Comment se fait un mariage ».
• M. Launay et G. Mailhos, *Introduction à la vie littéraire du 18e siècle*, Paris, Bordas, 1968 (ch. 6 et 7).
• P. Larthomas, *Le langage dramatique*, Paris, P.U.F., 1980. Un ouvrage de référence sur le langage dramatique comprenant un index très commode. Du même auteur, *Le théâtre en France au 18e siècle*, P.U.F., coll. « Que sais-je ? », 1980 : une synthèse savante qui se lit agréablement.

Index des thèmes

Imprimé en France par l'imprimerie Aubin - 86240 LIGUGÉ
Dépôt légal : août 1984 — Nº d'édition : 4786 — Nº d'impression : L 16982